特別支援教育キャリアアップシリーズ①

特別支援教育の子ども理解と授業づくり

授業づくりを「楽しく」始める教師になる

高橋浩平・新井英靖・小川英彦・広瀬信雄・湯浅恭正編著

黎明書房

はじめに
――キャリアアップの視点・本書の活用の仕方――

　この本を手に取られたあなたは、どんな方でしょうか。

　「特別支援教育に関心がある」「特別支援教育に関わっている」という方でしょうか。特別支援教育を専攻している学生の方、あるいは特別支援学校や特別支援学級の担任をされている方でしょうか。

　専門知識も何もないまま特別支援学校（あるいは特別支援学級）の担任となって日々どうやっていけばいいのか、と悩まれている方もいるかもしれません。

　また数年担任としてやってこられて壁につき当たっている方がいるかもしれません。ベテランの域に達している方が初心に帰ってこの本を手に取られているかもしれません。

　そうしたすべての人たちに、多くの特別支援教育関係の書籍が出ている中、まずは「よくぞこの本を手に取ってくださいました」といいたいです。

　この本は、日々教育現場で悪戦苦闘している教員と研究者が共に「授業を充実させたい」という願いのもと、これから現場に出てくる人たち、現場にいる人たちへキャリアアップの方法を示していく本です。

　ひらたくいえば特別支援教育担当教師として「実力をつけていく」ためのテキストブックです。一読していただいてすぐ明日からの実践に役立つものがたくさん詰まっています。そして、それだけではなく、さらに大きな視野で特別支援教育が見えるような構成にしています。

　私たち編者は「学校の充実は授業の充実である」と考え、何よりも授業にこだわって学会等で交流しながら授業づくりの理論と実践の在り方を議論していきました。その中で、ここ数年、授業を作る側としての教師の専門性、そのキャリアアップをどう目指すかということを強く課題意識として持つようになりました。そしてこの本が生まれたのです。

　本書は「特別支援教育キャリアアップシリーズ全3巻」の第1巻になります。この第1巻はまずは入門編ということになりますが、私たちはこの全3巻を次のようなイメージでとらえています。

　第1巻『特別支援教育の子ども理解と授業づくり―授業づくりを「楽しく」始める教師になる―』は、とにかく授業をこなせる力をつけることを目指します。アシスタントディレクターから始めようというのがテーマです。

　第2巻『特別支援教育の授業を組み立てよう―授業づくりを「豊かに」構想できる教師になる―』は、豊かな発想で授業を構想し、実践できる力をつけることを目指します。現場を仕切るディレクターになろうというのがテーマです。

　第3巻『特別支援教育のカリキュラム開発力を養おう―授業を「深める」ことのできる教

師になる─』は，授業内容を全体的にとらえながらカリキュラム開発ができる力をつけることを目指します。総合的な指導を提供できるプロデューサーになろうというのがテーマです。

　学校という場で新規採用教員として右も左もわからないまま教師としての第一歩を踏み出す，そして徐々に様子がわかってきて，校務分掌も一人でできるようになり，授業もなんとかやっていける自信がついてきます。実はそこに落とし穴があり，そこで授業づくりの努力を怠るとその人のキャリアは残念ながら伸びません。

　ただ単に教員として経験を重ねることがキャリアではありません。授業に真摯に向き合えるかどうかは新規採用教員もベテランといわれる教員も変わりません。教育実習に来た学生の方が授業に真剣に向き合っているという笑えない話も教育現場には現実にはあったりします。そうならないように，常に授業にこだわって，授業づくりをしていく，このことが特別支援教育の充実につながっていくことになると私たちは考えます。

　さて，この第1巻は，「とにかく授業をこなせる力を」つけるために，次の3部から構成されています。
　　第1部　子ども理解と授業づくり
　　第2部　子どもの発達と楽しい授業
　　第3部　集団の中で子どもは伸びる
　第1部は授業を作るための基礎知識としての教育課程，カリキュラムのこと，子どもを理解する視点としての障害と発達，個別の指導計画等に触れます。
　第2部は実際に授業を作っていくためのヒントを満載した授業実践の例を挙げていきます。キーワードは「楽しい授業」です。
　第3部は集団があるという学校の特色を大事にして，「学級づくり」や交流教育について触れています。
　本書を貫く共通項は「よりよい授業づくり」です。
　しかし，「授業の充実が大事だ」というと「そんなことはわかってるよ，じゃあ具体的にどうすればいいの？」という声が聞こえてきそうです。その答えがこの本にあります。私自身教育現場に身を置いていて，理論的なことがすぐ通用するとは限らないし，様々な困難が現場にあることもよくわかっています。そのことは十分承知しながら，それでも特別支援教育に関わる人たちに生かせる本，教育現場に明日から生かせる本を目指してこの本を作りました。
　この本を手に取られた方々に，ぜひご活用いただき，この本を生かしていただけたらと思います。そして共に特別支援教育の充実のために活動ができたらこれ以上の喜びはありません。
　さあ，キャリアアップの第一歩を踏み出しましょう！

編者を代表して　高橋浩平

目　　次

はじめに――キャリアアップの視点・本書の活用の仕方――　1

第1部　子ども理解と授業づくり　5

第1章　教育課程とカリキュラム　6
1　障害児の教育課程の枠組み　6
2　カリキュラム開発の視点を持つ　10

第2章　障害と発達をふまえた授業づくり　14
1　発達に応じた課題設定　14
2　障害のある子どもへの働きかけ　17
3　子どもと共につくる授業　19
4　まとめ　21

第3章　個別の指導計画の作成と個を生かす授業づくり　23
1　昨今の知的障害児の教育動向の中で　23
2　なぜ，授業づくりを大切にするのか　24
3　教授学的視点と授業の過程　24
4　個別の指導計画と教育活動での位置　26
5　個を生かす授業づくり　28
6　まとめに代えて　30

コラム①「まずは子どもをしっかりと見ること」　32

第2部　子どもの発達と楽しい授業　33

第4章　ことばの発達とコミュニケーションの指導　34
1　ことばの発達について　34
2　コミュニケーション指導の考え方と方法　37

第5章　算数・数学の系統性と教材開発　45
1　はじめに　45
2　なぜ，算数・数学を行うのか　45
3　算数指導の系統性について　46
4　授業のポイント　53

5　おわりに─算数をおもしろく─　54

第6章　みんなで楽しむ音楽の授業 ─── 60
　　　1　芸術性の高い楽曲をわかりやすく　60
　　　2　曲想を大切にする（歌唱）　61
　　　3　生徒の個性に合った合奏を（器楽）　63
　　　4　音楽をより深く自分のものにする（鑑賞）　66
　　　5　自分たちの楽譜を作る（創作）　68
　　　6　おわりに　69

第7章　生活を豊かにする生活単元学習の展開 ─── 71
　　　1　主体的に活動する生活単元学習　71
　　　2　単元「学習発表会」の授業展開　71
　　　3　単元「レッツ，調理！　2組さんにごちそうしよう」の授業展開　77
　　　4　生活を豊かにする生活単元学習　80

　　コラム②「一日の出会いは朝のさわやかなあいさつから」　82

第3部　集団の中で子どもは伸びる ─── 83

第8章　障害のある子どもの「学級づくり」 ─── 84
　　　1　「学級づくり」とは，教師のフィールドワーク　84
　　　2　「学級づくり」という発想がなければ何も始まらない！　84
　　　3　人数は少なくても，子どもが1人でも，学級は学級　86
　　　4　通常の学級に障害のある子どもがいる場合　86
　　　5　同じ子どもは1人としていない　88
　　　6　「つまずき」が集団的な関わり合いを組織する　89
　　　7　子どもたちを「主役」にする「学級づくり」　89
　　　8　「学級づくり」と「よい」授業との関係　90

第9章　交流教育の意義と実践 ─── 92
　　　1　交流教育の法的な位置づけ─交流及び共同学習の基本的な考え方─　92
　　　2　交流及び共同学習の意義　93
　　　3　交流及び共同学習の実際
　　　　　─特別支援学校小学部（主に肢体不自由）と小学校との交流教育─　99
　　　4　最後に　101

あとがき　102

第1部

子ども理解と授業づくり

　さて，まずは授業づくりの基礎知識として教育課程とカリキュラムから入っていきましょう。
　「教育課程とカリキュラム」と聞いただけで，尻込みしている人もいるのではないでしょうか。私自身学生時代に「教育課程」のレポートを3回も提出させられて閉口した思い出があります。
　しかし，保護者から「この授業はどんな位置づけで，どんな意図で行われているのか」，と問われたときに，最低限知っていないといけないことでもあります。また逆にこのことを押さえることで授業づくりにもプラスになります。
　続いて「障害と発達」について授業との関連で見ていきます。最後に「個別の指導計画」について，これも授業との関連の中で見ていきたいと思います。

第1章
教育課程とカリキュラム

1　障害児の教育課程の枠組み

(1) 領域・教科の種類と「準ずる教育」

　教育課程とは「教育の目的を達成するために用意された教育活動のすべて」を指す。そのため，国語や算数など時間割に記述されているものだけでなく，修学旅行や運動会などの学校行事や，給食または着替えの指導といった日常生活面での指導など，教師が子どもに対して行う「指導」はすべて「教育課程」に関係するものであるといえる（ただし，部活動など児童・生徒が任意で選択できる活動については教育課程外となる）。通常学校の教育課程は，

　　「各教科」「道徳」「特別活動」

の3つの「領域」で構成され，これは障害児教育でも同様である。これらの領域のほかに，障害児の教育課程にのみ認められている「領域」として，

　　「自立活動」

がある。「自立活動」は「障害の克服・改善」を目的とした領域である。自立活動の一例を挙げると，視覚障害児に対する白杖を用いた歩行訓練や肢体不自由児に対する身体の動きづくり（機能訓練）などがある。
　このほかに，通常学校および特別支援学校の双方において，「総合的な学習の時間」を設けることができる。「総合的な学習の時間」は，「自ら学び自ら考える力」を伸ばすために「体験的・経験的」な活動を通して学習する形態であるが，教育課程との関係で考えると，「各教科や領域の内容を横断的・縦断的に取り扱う」ことができる授業であるため，「教科」または「領域」に属さない授業となっている。
　視覚障害児や聴覚障害児，肢体不自由児および病弱児のための学校で，知的障害を伴わない子どもを教育する場合は，一般の小学校・中学校・高等学校などで用いられている教科書を使用する。こうした子どもには，一般の小学校，中学校，高等学校で設定されている教科名または領域名を時間割に掲げ，同じ内容の授業が行われている。こうした子どもたちの教育を**「準ずる教育」**†と呼んでいる。

第1章　教育課程とカリキュラム

「準ずる教育」では，「自立活動」を除き，原則的に当該学年の教科書を用いて授業が行われ，通常学校に通う子どもたちと同じ教育を受けたと見なされる。そのため，「準ずる教育」の課程を修了した特別支援学校高等部の卒業生は「高等学校卒業と同等の卒業資格」が与えられる。

(2) 知的障害児の教育課程の特例

　知的障害児を教育する場合においても，教育の目的は他のすべての子どもと何ら変わらない。時間割に設定できる領域についても，他の障害児と同様に，「各教科」「道徳」「特別活動」をもって編成することとされている。しかし，知的障害児は発達が未分化であるために，知的障害のない同年齢の子どもが学んでいる教科とまったく同じように設定することがよいというわけではなく，設定できる教科が若干異なっている。

　知的障害児のための特別支援学校で設定できる教科は，小学部が「生活科」「国語科」「算数科」「音楽科」「図画工作科」「体育科」の6教科であり，一般の小学校のように3年生から「生活科」を「社会科」と「理科」に分化しない。このことは，知的障害児の教育課程では小学6年生まで「生活科」を設定できることを意味しており，これに伴って通常の小学校で3年生以上の子どもに実施されている「総合的な学習の時間」は，知的障害児のための特別支援学校小学部では実施しないことになっている。

　また，知的障害児のための特別支援学校の中学部では，「国語科」「社会科」「数学科」「理科」「音楽科」「美術科」「保健体育科」「職業・家庭科」の8教科を設定することができる。一般の中学校と異なるのは「技術・家庭科」ではなく「職業・家庭科」となっているところである。知的障害児のための特別支援学校の小学部では実施しないことになっている「総合的な学習の時間」も中学部では実施されており，週時程に組み込んで「総合的な学習の時間」が行われている学校も多い。

　こうした「教科」「領域」の規定の他に，知的障害児の教育課程には以下のような「特例」が設けられている。

> 学校教育法施行規則第130条
> 特別支援学校の小学部，中学部又は高等部においては，特に必要がある場合は，……各教科に属する科目の全部又は一部について，合わせて授業を行うことができる。
> ②特別支援学校の小学部，中学部又は高等部においては，知的障害者である児童若しくは生徒又は複数の種類の障害を併せ有する児童若しくは生徒を教育する場合に

---

† 「準ずる教育」の「準ずる」とは，「同じ」という意味である。つまり，「準ずる教育」を受けている児童・生徒には「自立活動」を除くと基本的に小学校・中学校・高等学校と同じ教育内容を提供することになっている。

> おいて特に必要があるときは，各教科，道徳，特別活動及び自立活動の全部又は一部について，合わせて授業を行うことができる。

　この特例を用いると，知的障害児を教育する学校では，例えば「会話の方法（国語）」と「お釣りの計算（算数）」といった複数の教科の内容を合わせて，「買い物ごっこ」のような授業を行うこともでき，また，「お金の計算（算数）」と「校外学習（特別活動）」を組み合わせた授業を設定することもできる。

　こうした規程を受けて，学習指導要領では知的障害児に対する特別な指導の形態として，「日常生活の指導」「生活単元学習」「作業学習」「遊びの指導」を設定することができるとされている。これらの指導の形態を総称して「領域・教科を合わせた指導」と呼んでおり，知的障害児の特別支援学校では多くの時間が費やされている。「領域・教科を合わせた指導」においては，具体的に以下のような指導が行われている（表参照）。

日常生活の指導	食事指導・衣服着脱の指導・排泄指導など身辺自立に関することから，あいさつや曜日，天気に関することなど，日常生活に必要な知識・技能全般を指導する。時間割上では「朝の会」「帰りの会」「給食」の時間における指導がこれに該当するが，時間割に記載されていない時間帯にも多く指導が行われている。
生活単元学習	生活に関することがらを単元学習として組織し，体験的に指導する時間である。「生活」に関する事項であれば，単元として取り上げることができるが，教育現場では運動会や文化祭，校外学習などの「行事単元」や「季節単元」を取り上げることが多い。
作業学習	生産・労働の経験をさせる中で働く意欲や態度，および労働に必要な知識や技能を身につけることを目的としている。作業学習は中学部や高等部で行われていることが多く，「木工」「窯業」「園芸」「手芸」などが作業種目となっている学校が多い。近年，産業構造の変化に合わせて，喫茶店やクリーニングなど，サービス産業を基礎とした作業学習も実践されるようになっている。
遊びの指導	障害の重い子どもが学校教育の対象となったときに，生活単元学習の内容の一部に「遊び単元」が組み入れられるようになり，平成元年の学習指導要領から指導の一形態として独立した。その理由は，発達が未分化な子どもには「遊び的な要素」を取り入れた活動を行うことが求められ，「遊びながらいろいろな活動ができるようになる」「遊び方を学習する」「友達と関わる」など「遊び」を通して心身の発育を促していくことが必要であると考えられたからである。

第1章 教育課程とカリキュラム

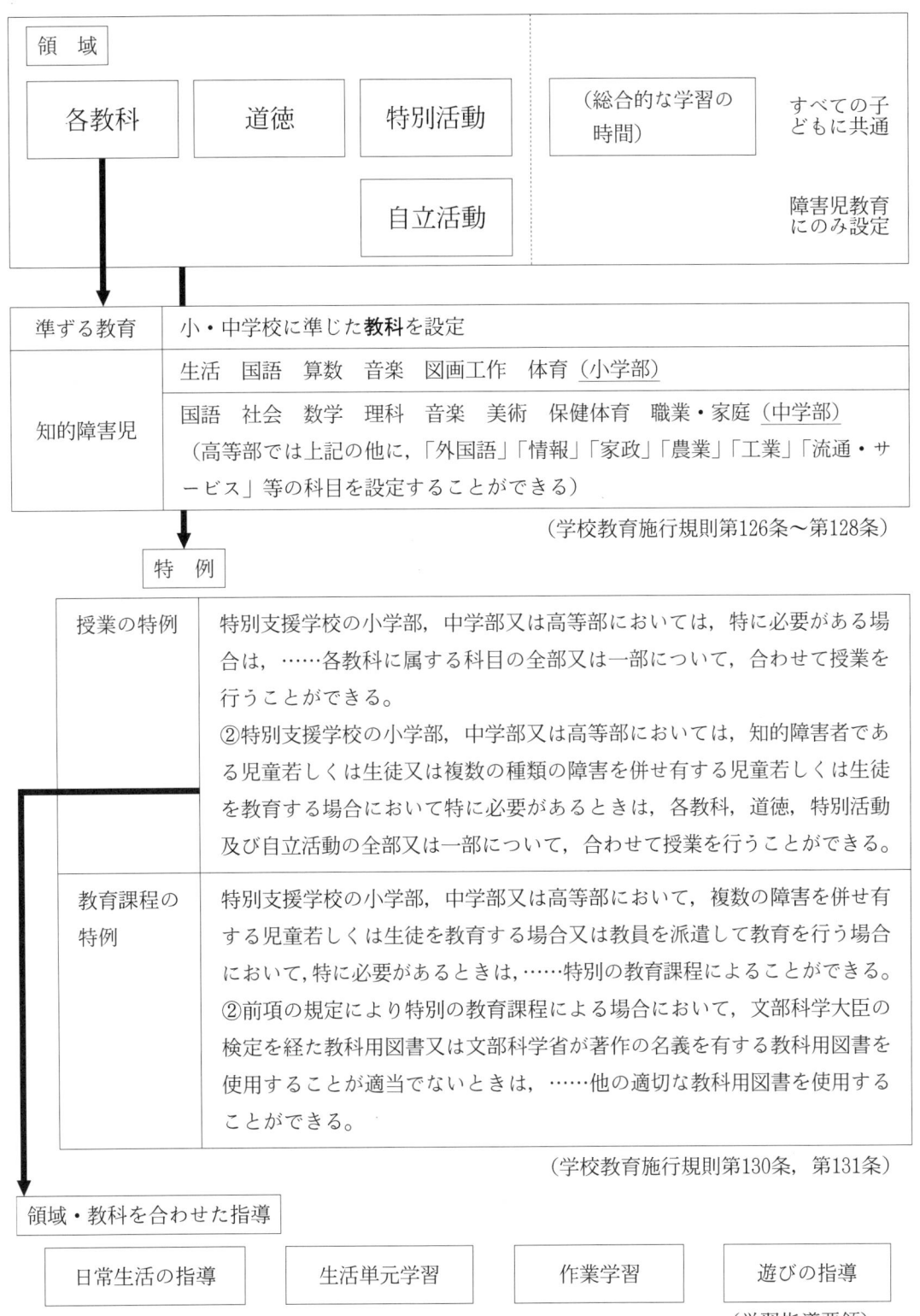

図1-1 知的障害児の教育課程の概要

2 カリキュラム開発の視点を持つ

(1) 教育課程編成を考える視点

　教育課程を考える場合には，まず発達段階を考えることが重要である。最もわかりやすい例を挙げると，「言葉のない重度の知的障害児」と「漢字の読みや繰り上がりの足し算程度が理解できる軽度の知的障害児」が「同じ時間割でよいはずがない」ということである。知的障害児を指導する学校の中には「重度重複児」のクラスを作り，時間割を他の知的障害児と分けて対応しているところもある。時間割を分けるまでには至らなくても，知的障害の「重度」「軽度」で指導内容を分けている例は多く見られる。例えば，「国語・算数」に関する授業では，主として子どもの発達段階を指標にしてグループを分けて指導している特別支援学校や特別支援学級は多く見られる。こうした場合は，時間割上は「同じ」であるが，一人ひとりの学習内容＝カリキュラムは異なるものとなる。

　「カリキュラム」とは，「一人ひとりの歩む道」という意味であり，教育課程論の中で論じる場合には「一人ひとりの指導課題」に対してどのくらいの時間，どのような科目を設定して教育するかについて総合的に示した計画であるといえる。学校が考え，決定するものが「教育課程」であるとすると，「カリキュラム」はそれよりも広い概念で，子どもの教育履歴とでもいうことができるものである。

　以上のように「教育課程」を学校全体の教育計画，「カリキュラム」を一人ひとりの教育内容としてとらえると，特別支援教育において「教育課程の多様化」のあり方だけではなく，一人ひとりの「カリキュラム」をどう作っていくかということも追究していかなければならない。例えば，修学旅行などで子どもに体験させる内容をいくつかのグループに分けられるとしたら，「A君はこのグループでこの活動を，B君は別のグループでこの活動を」といった具合で個別に学習経験を分けることもできる。こうしてできあがった学習計画が子どもの「カリキュラム」であると考えれば，「週時程」や「年間計画」を学年全体で共通のものとしていたとしても，一人ひとりの教育内容は個別に多様なものを用意することができるようになる。

　教育課程を論じるときに，まず大切な視点として「学校全体の教育課程を子どもに合うように多様化すること」が挙げられるが，その上で，教師は学校で用意された教育課程を一人ひとりの子どもの学習課題に即して集団編成を工夫しながら「カリキュラム」を作り上げていくことを考えていかなければならない。

(2) 在籍児童・生徒の「重度化」「多様化」

　教育課程は10年ごとに改訂されて，それが「学習指導要領の変遷」となって少しずつ変化

をしてきたが、障害児の教育課程については、教科や領域、または領域・教科を合わせた指導の骨格部分については、戦後からあまり大きく変化することなく現在に至っている。しかし、近年、特別支援学校に在籍する児童・生徒の障害が「重度化」「多様化」しており、特別支援学校の教育課程に関する学校研究もさかんに行われるようになっている。

特別支援学校の在籍児童・生徒の障害が「重度化」「多様化」していることを受けて、学校の教育課程を見直さざるを得なくなっている理由は様々考えられるが、その一例を挙げると次のようなことが考えられる。

【例①】
> 地域の中学校から知的障害児のための特別支援学校高等部に高機能自閉症の子どもが数名、入学してきました。彼らは、情緒面での特別な配慮や支援は必要ですが、知的レベルでは教科書を使って学習することができます。進路先もおそらく企業就労を希望すると思いますので、教科の時間数や作業学習の内容などは今のままでは子どもの実態・課題に合わないと思います。

【例②】
> 近年、在宅医療の進歩により、家庭でケアされる重症心身障害児が増えてきました。それに伴って、重症心身障害児が学校に通学するようになっていますが、重症心身障害児の体力等を考えると、大都市でない限り、自宅から通える範囲に肢体不自由児のための特別支援学校がありません。こうした理由から、近年、重症心身障害児が家の近くにある知的障害児のための特別支援学校に通っていることも多く、知的障害児のための特別支援学校では、重症心身障害児の教育課程を作って対応しなければならない状況になっています。

こうした例は挙げていくときりがないくらい存在する。教育課程というものは、そもそも一つの「枠組み」を提示するようなものであるので、その「枠組み」にうまくはまらない子どもが常に存在することは不思議なことではない。しかし、教育課程を見直さなければならないほど、在籍児童・生徒が大きく変わってきているのであれば、その見直しも考えていかなければならないだろう。

こうした状況の中で、特別支援学校の教育課程改革を考える際に次のような議論が展開されることが多い。すなわち、個々の子どもは様々な特性（困難）を持っており、個に応じた教育課程を考えなければならないとしたら、子どもの数だけ教育課程が存在することとなる。しかし、特別支援学校といえども、教師の数は子どもの数より少ないので、子どもをある一定のグループに包括し、同じ教材または同じ教育内容で授業をせざるを得ないのが現状である。いや、むしろ個々人の特徴（困難）は違っても、ある程度の「集団」で教育を提供するからこそ、子ども同士の切磋琢磨や助け合いが生じるのであり、すべて個別の教育課程があればよいというわけではないとも考えられる。それでは、障害の「多様化」に対応する教育

課程はどのように編成するべきなのだろうか。

以上のような議論からもわかるように,「個に応じた教育」と「教育課程」とは, もともと「相容れない」側面があるものであり, 両者をどのようにして融合していくかが学校・教師に常につきまとう大きな課題であるといえる。この融合の方法には多様な試みがなされているが, 代表的なものを以下に紹介しておきたい。

① 教育課程の複線化

> 同じような課題を持つ子どもを集め, そのグループの時間割を作成する方法である。最もわかりやすいのが, 同じ学校内に知的障害の子どもと肢体不自由の子どもがいるので, 知的障害児の教育課程と肢体不自由児の教育課程の2本立てにすることなどが考えられる。知的障害児のための特別支援学校では, 軽度の子どもから重度の子どもまで混在している高等部において, 作業学習を類型化する試みがいくつかの学校で試みられているが, これも教育課程の複線化の一つである。

② 選択の時間の設定

> 時間割の多くの授業が同じであるが, 選択の時間を設けて, その時間に個々の課題に応じた授業を提供する方法である。一般の高等学校では, 普通科の生徒は取得すべき単位数は全員同じであるが, 履修する授業科目は部分的に生徒によって異なる。例えば,「国語Ⅰ」や「日本史」などは必修科目としてすべての生徒が履修するが,「化学」や「倫理」などは選択できるようになっている, などがその例である。特別支援学校においても, 国語や算数の時間などで, 同じ時間数の授業を受けているが, グループを多様に設定し, 適切なグループを選択し, 教育内容を子どもによって少しずつ変えているなどは, 個に応じた指導の一例である。

③ 同一科目・同一教材の中で指導課題を多様化する

> この方法は, すべての子どもが同一の授業科目を受講する場合に個に応じて指導する方法である。国語や算数の教材の中には, 集団の中にいる子どもの発達差を包括するのが難しいものもあるが, 体育や美術, 音楽の教材は多くの子どもが同じ教材を使用し, 個々の能力や実態に即して指導課題を分けて授業を展開することができる。

以上のように,「教育課程」というものは決して学校に一つしかないというわけではなく, 複数のものを用意することができる。また, 一つの「教育課程」であったとしても, 子どもに合わせて教育内容を細かく分けて対応することも可能であり, 以上のようなアプローチを取ることによって「個に応じた教育」と「教育課程」の融合が可能になると考える。

(3)「個別の指導計画」とカリキュラム

視覚障害児及び聴覚障害児のための特別支援学校では, 高等部段階で「普通科」と「職業科」を設置している。また, 近年, 知的障害児のための特別支援学校でも,「高等養護学校」

といわれる軽度知的障害児のための職業科が全国的に設置されており，教育課程の複線化はある程度までは実現している。また，知的障害児のための特別支援学校では，時間割の中に「選択の時間」が設けられている学校は少ないが，例えば複数の作業種目を用意している作業学習などで保護者と本人の意向を尊重し，進路先などを考慮しながらグループを選択していることも多く，これも「選択の時間」としてみなすことができる。つまり，特別支援学校においても，大きな枠組みとしての「教育課程」は同一であるが，授業科目や教育内容については個に応じて多様に用意することが可能である。もちろん，国語や算数のような授業では子どもの能力や特性に応じてグループ編成を工夫したり，同じようなグループの子どもの集団であっても教師は個々に指導課題を分けて対応している。

こうした「一人ひとりの指導課題」をまとめたものが「個別の指導計画」である。「個別の指導計画」は子どもの実態把握（ニーズ）から出発し，学校で指導する際の課題となるものをまとめた書式であり，特別支援学校に在籍するすべての児童・生徒に対して作成されている。「個別の指導計画」で単に指導課題が列挙されているだけでなく，「選択科目」が設けられていたり，「グループ編成」や「個々の教材（ドリルなどを含む）」が記述されているのだとしたら，それは「個別のカリキュラム」となる。

特別支援学校では，子どもの「特別な教育的ニーズ」を把握し，そのニーズに対応することができる教育内容を用意しなければならない一方で，学校全体としての「教育課程」を編成しなければならない。これらを組み合わせて学校運営を行おうとすると，当然，葛藤が生じ，すべての子どもの「カリキュラム」を包括した「教育課程」を組むなどというのは理想にすぎないものとなってしまうかもしれない。こうした葛藤を乗り越えるキーワードは「可変性」であると考える。すなわち，すべての子どもの「カリキュラム」に対応する「教育課程」を編成するために，常に微調整をすることができる学校組織であること，端的にいうと，「教育課程」を柔軟に，変化を厭わず見直しができるということが「カリキュラム」と「教育課程」の接点であるといえるのではないだろうか。

参考文献

- 文部省（2000）「盲学校，聾学校及び養護学校学習指導要領（平成11年3月）解説——各教科，道徳及び特別活動編」
- 天野正輝（2004）「教育課程の構造」日本教育方法学会編『現代教育方法事典』図書文化社，p.169
- 佐藤学（1996）『教育方法学』岩波テキストブックス，pp.105-134

第2章
障害と発達をふまえた授業づくり

　2007(平成19)年4月，学校教育法の一部の改正が実施され，特殊教育から特別支援教育への転換が制度化された。子どものかかえる障害を改善したり克服させたりすることを主目的とする従来の特殊教育から，子どもの生涯を見通した教育的支援を構想する特別支援教育に転換された。この構想では，障害種別を越えた総合的な教育の場づくりが求められている。

　現在，従来の盲・聾・養護学校（小・中学部）に在籍する子どものうち，半数近く（肢体不自由養護学校においては約4分の3）の子どもが重度・重複の障害をもっており，また知的障害養護学校には自閉症の子どもが40%という高い割合で在籍している。

　特別支援教育における子どもの理解にあたっては，発達・障害・生活といった3つの視点が一層重視されてきており，特にまるごと子どもをつかむためには必須となっている。そのため子どもの生涯を視野に入れ，子どもの生活に着目し，生きていくための力を育てることに特別支援教育の焦点が合わせられてきたのである。

1　発達に応じた課題設定

　教師の仕事は授業を通して子どもの力を引き出すことである。教師のだれもが，指導している子どもの成長を期待している。しかし，障害のある子どもを担当する教師の多くは，どのように子どもの力を伸ばすか，どのように子どもに障害を克服させるかに悩まされる。それの解決への第一歩は子どもの基本的な欲求，発達段階，興味・関心，障害に起因する症状，そして子どもが現有する力といったものの実態を把握することである。それを出発点として，教師は子どもが常に何らかの形で発達していくことを認識し，常に子どもの発達を前向きに見守り，子どもの適性を考慮して，授業を設計するのである。

(1)　発達段階

　子どもの発達に応じて，教授―学習活動を行うことは当然のこととされる。しかし，教育現場では子どもの発達や障害を十分に考慮せず，子どもにとって適切ではない課題を自らの主観で一所懸命に教えようとしている教師がいる。子どもの発達と障害の実態が把握されないままでは，どんな教授行為を施しても，子どもの持つ力を伸ばしにくいし，逆に子どもの学習意欲を低下させてしまう危険性がある。教師は子どもの発達を的確に把握し，障害の症状を考慮して適切な課題を設定する。それによって，子どもは課題に意欲的に取り組もうと

いう姿勢にもなる。発達を効率的かつ最大限に引き出すためには，発達段階に即した課題設定がなされなければならないのである。例えば，与謝の海養護学校では子どもの発達段階を以下のように分け，それぞれの発達段階に応じた課題に視点を定め，授業づくりを進めている[1]。

　発達段階（A）は10カ月以下の子どもを対象とする。笑顔・喃語を豊かに表出し，社会性を持ち始め，ものに対する欲求も表し始める段階である。この段階の子どもには命を守る「生きる力」と，人とかかわる力を育てることを課題とする。

　発達段階（B）は10カ月～1歳半の子どもを対象とする。模倣が増え，有意語を獲得し，相手と活動を共有する力を芽生えさせる段階である。体を鍛え，自然世界の事物を認識し，周囲との人間関係を深め，集団意識を育てることを課題とする。

　発達段階（C_1）は1歳半頃～2歳頃の子どもを対象とする。話し言葉を獲得し，自我が誕生し拡大する中で，模倣したり，自分でやってみたりする気持ちが強く，褒賞を期待する自己中心的な段階である。この段階では自発性，自主性を大切にする。遊びから労働へ展開していく学習活動の中で自我を大切にしながら，教師や友達との間での集団性を育てることを課題とする。

　発達段階（C_2）は2歳頃～5歳頃の子どもを対象とする。一語，二語文で話し言葉を豊かにし，日常生活の身辺自立はほぼできているが，生活年齢が思春期になると精神的な不安定さが現れる。この段階の前半では自我の形成を充実させ，後半では自制心を形成しつつ社会性を養っていく。集団意識を持ち，自分の要求を出し，多様な体験や経験を通して話し言葉を豊かにする時期である。そのため自分で課題に立ち向かえる力，自己の持つ能力を応用できる力を育てることが課題となる。

　発達段階（D）は5歳以上の子どもを対象とする。身辺自立が大概できて，集団や活動が組織でき始め，各教科の学習が成立し，直観的な思考から抽象的な思考へ発達していく段階である。基礎学力を修得させ，周囲との関係の中で自分を見る力を獲得させることにより，将来必要となる諸技術の基本と基礎力を涵養することが課題となる。

　与謝の海養護学校は上記のように子どもの発達段階を明確にし，子どもの障害を考慮して，多様な学習集団を作った。各発達段階に沿って，子どもの内面を豊かにすることから社会性へ，自我から集団へ，感覚的な認識から思考へ，と発展させるそれぞれの課題を設定し，教授―学習活動を行っている。

(2) 発達と授業の関係

　上述した発達段階に応じた課題設定の背景は，教師が子どもの発達に従って，学習内容を組織し，子どもに学習させること，また，子どもが教師の教授によって発達をより確かなものとするという発達と教授の関係にある。ヴィゴツキー（1896-1934）はそのような発達と

教授の関係を認めた上で，教授は子どもの現有の発達により先に進み，子どもの新しい発達を呼び起こすという発達の最近接領域論を提唱した[2]。また彼の，教育は発達を主導するものであるという原理は，教授学の原理の一つであると位置づけられている[3]。ヴィゴツキーは子どもが現在すでに到達している発達水準と，これまで子どもができない課題を教師や指導者の働きかけによって解くことができる水準の間を，「発達の最近接領域」と規定している[4]。しかし，現在の発達水準が同じ子どもでも，発達の最近接領域はそれぞれ異なる。子どもの発達の最近接領域を見出すことによって，子どもの発達を促すことができる。それによって，教授—学習活動に焦点づけがしやすくなり，より早く子どもの発達を充実させることができるのである。

(3) 発達の可能性

従来の障害児教育実践の歩みの中で，重度・重複の子どもは発達の見通しがないため，「教育不可能」「教育不必要」として切り捨てられた。近江学園ではそれらの子どもを対象にして実践を行い，「子どもの発達は無限である」という原則が実践から打ち立てられた。

糸賀一雄は近江学園の実践をもとに「発達は二歳が三歳となり，三歳が四歳となるという方向で不断のつみあげがなされるばかりではない。二歳は二歳として，三歳は三歳として，そのおのおのの段階のなかに実現しなければならぬ無限の可能性をもつのであるから，その可能性を豊かにみのらせることが発達の中味である。豊かな人生，生きがいのある人生，あらゆる現在をそれ自体として充実させることにある」と発達の縦断性と横断性を示し，発達の無限性を主張している[5]。上述した与謝の海養護学校の発達段階は発達の縦断性により区分したのである。

発達の縦断性は障害によって制約されることがある。その制約される発達を最大限に伸ばすことは授業づくりの一つの側面である。

一方，発達段階により，子どもが持っている力を様々な体験や経験をさせることによって，発達を広く充実させることになる。それは発達の横断性であり，授業づくりのもう一つの側面である。それによって子どもが障害を軽減されたり克服したりする。1950年代，特殊学級の担任であった近藤益雄は「知能だって，特殊教育をしなければ，完全に発揮しているとは，保証できないのですよ。…（中略）…80のものが60や70ぐらいしか，能力をだしていないから，そののこりの20か10を私どもは，ひっぱりだそうというわけですよ。ただ80のものに100の力をださせようとしたり，130の力をださせようとしたりしても，それは無理というよりも，不可能なことなのです。それに，よい性格を作ることや，生活の能力の根本である，はたらくことをおしえることなどは，知能の教育以上にたいせつですよ」[6]，と障害のある子どもへの特別な指導は障害のある子どもの，縦断的発達を最大限に引き出させることと，横断的な発達を充実させることを主張した。

第2章　障害と発達をふまえた授業づくり

そこには子どもが持っている障害の部分に働きかけるというよりむしろ子どもに保持されている力に働きかけ，伸ばしていくという意味が含まれている。近藤は子どもの障害にかかわらず，子どもの生涯を考えて，生きる力を育てることが何よりも大切であるという障害のある子どもへの教育観を持ち，授業づくりのねらいとした。それは今日の「個別の教育支援計画」にも目指されているものであるといえる。

2　障害のある子どもへの働きかけ

上述したように障害のある子どもの発達の実態をよく把握した上で，発達段階に基づいて課題を設定することは授業づくりの重要な側面である。

しかし，障害のある子どもを担当する教師はもう一つ重要な役割を担っている。それは教師が子どもの障害を科学的に認識することである。しかし，障害といっても障害の種別が多くあり，重複する場合も数多くある。またその程度も軽度から重度まで幅が広い。さらに，同じ障害種別の子どもでも子どもの生活環境や受けた療育によって子どもの実態が異なる。

教師は障害を要因として，子どもを否定的にとらえるのではなく，子どもの可能性を信じて，それを引き出すように取り組まなければならない。

(1)　子どもの立場を考えること

授業は教材を媒介として，教師が子どもに教える学習内容を伝え，子どもがその学習内容を吸収する教授─学習活動である。「教師の側からいえば，文化遺産である教材を媒介に子どもに働きかけ，子どもの内部に潜在する能力を引きだし発展させる過程であり，子どもの側からいえば，教師の働きかけや子ども同士の関係のなかで，文化財の習得を通して自己発達をとげていく過程である。」[7]

近藤益雄は生活綴方教育を論ずる中で，「どんな無邪気な子どもたちでも，自分たちの現実を分かってくれない教師には，自己をさらけだしたりなどはしないものです。又どんな無邪気でない子どもでも，自分を分かってくれる教師には，ありのままに書いて来るものです」と子どもを理解しない教師は子どもに信頼されないと指摘した[8]。

このことを授業づくりに置き換えて考えると，教師が子どもの発達や障害を理解しない教授行為は子どもに期待できる学習行為も生じさせ得ないといえるのである。

発達の遅れた重度・重複の子どもは「自分の周囲からの情報を受けとめ，処理し，行動を調節していくこと」や「自分の意図や要求を表現し，周囲の人に正しく受けとめてもらうこと」が難しい[9]。言葉が話せず，表情も乏しい重度・重複の子どもを対象にしてどのように授業を構想していけばよいのだろうか。

教師は重度・重複の子どもも自分の意思があり，自分の欲求があること，その意思や欲求

を言葉で伝えるのではなく，体で伝えてくることを認識しなければならない。実際にはそれらの子どもの身近にいて，抱いたり，あやしたり，食事の介助をしたり，おむつを交換したりという関わりを通して，子どもの心に近づくようにして，子どもの不快感を共有し，子どもが見ているところを共に見て，言葉をかけ，子どもの反応を読み取る。また，読み取ったことを言葉や行動で繰り返して，子どもの反応を確認する。このようなことを通して，子どもの気持ちを把握することができるのである。

茂木俊彦は「教育におけるコミュニケーション問題は，教師と子ども，子どもどうしの直接的対話の成立という範囲で話を終わらせるわけにはいかない。それは障害児の学力形成を指導し人格の豊かな発達を保障するかという教育の基本問題と直接・間接に結びついている」と指摘した[10]。

ここで，教師は子どもの意図や要求を読み取ると同時に，子どもが学習内容や教材を選択できる授業づくりを求められる。つまり，教師は子どもの発達と障害の状況に合わせて，子どもが学習のできる環境を緻密に計画して，教授行為を構想しなければならない。

(2) 障害のある子どもへの働きかけ方

授業中の教師の発問は子どもの思考を促すため，教授行為の中ではきわめて重要である。しかし，知的障害のある子どもを対象とした授業では，教師は発問の解答を誘導したり，あるいは説明を加えたりすることが主な教授行為となる。さらに知的障害のある子どもへの説明はできるだけ具体的にかつ明示的にしなければならない。

近藤原理は知的障害者と暮らす中で「説明」の不足で次のようなできごとと遭遇した[11]。ある日，近藤は柿の木の根元に積んである薪が風呂の焚きものとしては長すぎるため，半分に切ってもらおうと考えた。そして，ある寮生に「あれ切っといてね」と指示し，寮生は「はい」と答え，2人の会話が終わった。予想以上の作業時間がかかったので，近藤は様子を見に来た。なんだかそのあたりが明るくなっていた。「あれ？」と見回してみたら，柿の木がない！ 薪はそのままであった。それを見た近藤はびっくりしたものの，自分が丁寧に説明していなかったことを非常に反省した。

教師は授業において子どもの理解できる環境づくりに努め，子どもが本当に教師の説明を理解できたかどうかを常に確認しなければならない。上記の例のようなことは知的障害のある子どもだけではなく，学習障害，注意欠陥多動性障害，高機能自閉症の子どもにも似たような場面があるように思われる。特別支援教育担当の教師は自分の発問や指示・説明に子どもがどのように反応しているかを子どもの表情から読み取ることも重要である。

3 子どもと共につくる授業

　授業において教師は体全体で子どもとぶつかり合い，自らの豊かな愛情を子どもに伝え，子どもとの共感関係を深めていく。その中で，子どもの実態を十分考慮して準備した学習内容・教材と教師の効果的な振る舞いによって子どもの興味・関心を高めていくことになる。一方，教授―学習活動に子どもに意欲と主体性を持たせるには，子どもに選択と決定の機会を与える必要がある。こうした中で発達促進と人格形成が目指されなければならない。

(1) 子どもが選択できる授業づくり

　授業は「教師」「子ども」「学習内容」という3つの要素で構成されている。学習内容は教材を通して達成するものである。つまり，教授―学習活動は教師→教材→子ども→教師→教材→子ども……というような循環関係にある。授業では教師が子どもに働きかけることによって，子どもは学習内容を習得する。子どもの反応をフィードバックして，教師は次の教授活動を展開するのである。こうした循環関係の中で，特別支援教育担当の教師は子どもの発達に応じた学習内容や障害を配慮した教材，働きかける方法を適切に選択することが重要となる。

　一方，子どもが選択できる機会を作ることも大切である。子どもは自分で決めることによって，授業への主体性，意欲を高めていく。例えば，「手紙を書く」という授業を計画するとき，まず「だれに書く」ということを子どもに自由に決めさせる。そうすると子どもは自分が一番気に入った人に手紙を書く可能性が高い。もちろん，「何を書くのか」「どんな手紙のスタイルにするのか」も子どもに決めさせる。子どもが持っている力がそれぞれ違うので，文章の手紙，絵の手紙，手工の手紙と多様な形式の手紙になると想定する。そして，教師は子どもが書く手紙，描く手紙，作る手紙を指導する。

　また，数の学習においては，多様な教材を用意し，子どもに提示しながら，「今日は，何で勉強しようか」と子どもに聞き，子どもに選択させる。しかし，中には選択しない子どもや無反応な子どももいる。そのような場合には教師が子どもの状況に応じて，提案してみる。

　授業を進行しながら，子どもの反応を観察し，随時に修正できるように準備しておく必要がある。つまり，授業づくりには教師が子どもの能力によって，「①同一場面・同一の課題だが，異なる方法で学習を展開する，②同一場面で同一教材を用いつつ，異なる学習課題を追求する仕方」を試みる[12]。そして，子どもの主体性，意欲を大切にして，子どもが自己選択，自己決定をする場を設定する必要がある。子どもに授業において自己の存在感を感じさせなければならないのである。

(2) 楽しい授業づくり

　特別支援教育の教授―学習活動において，教師が学習内容をそのまま直接に子どもに"埋めこもう"とする教授方法は適切ではない。障害が重ければ重いほど，子ども同士との関わりが少なく，子どもは教師と一緒に遊んだり，活動したりする楽しい時間と空間を共有することになる。授業では教師は共有された時間の中に，子どもの発達促進と人格形成を要素として取り組む必要がある。もしそれらの要素を抜きにして，楽しさを強調するだけでは，子どもの発達の促進と障害の軽減を視野に入れた授業とはいえない。

　一時限一時限の授業は，教師の働きかけによって，子どもの内面が少しずつ変化していくことを求めなければならない。授業を通じて発見する喜び，創造する喜びが得られなければ，授業は子どもを引きつけられない。また教師の側でも同種の喜びを得られなければ，本当の「楽しい授業」は生まれない。

　子どもと共に作る授業とは，「教師の指導を弱めたり，子どもの自由な学習に終わるというものではない。教師自身が学びに参加しつつ，子どもの主体的参加を呼びこむことによって指導性はいっそう発揮されるという関係に立つものである」[13]。

　楽しい授業はまずわかる授業でなければ，楽しくならない。そのため，子どもが興味・関心を持ちやすい教材を取り入れることが必要である。子どもの身近なものを取り入れることや多様な教材を準備する必要があり，特に実物教材は理解を助けるので有効である。

　ところで，「『子どもの興味と要求』といっても，それだけにかたよると，この子どもたち（知的障害のある子ども：筆者注）が社会に生きてゆくための訓練が手うすになる」[14]と近藤益雄に指摘されるように，子どもが生来有している興味・関心を教師が意図する興味・関心へと転化させることにも留意する必要がある。子どもの新たな興味・関心を引き出し，創造や発見の喜びを体験させるのも授業づくりの重要な側面なのである。

(3) 子どもがイメージできる授業づくり

　教師が授業において学習の視点と内容を子どもに提示することは授業を構造的なものにする一方策といえる。また教師は子どもが学習内容を習得するため，有効な働きかけ方を工夫しなければならない。授業の中で，今から何をするか，どのような学習活動をするか，子どもに活動に対する適切なイメージを生起させなければならない。

　教師が授業の中で，子どもの頭の中に具体的なイメージがつぎつぎとわくような言葉がけをすることがきわめて大切である。障害のある子どもの授業づくりにおいて，イメージを基礎に認識を発展させ，ものや事柄を学ぶ段階では，生活に即したイメージや概念から科学的な概念や法則性の理解へと発展させる。すなわち，実物や身近な教材を利用した授業を通じて子どもがイメージをふくらませる。その結果，子どもの興味・関心を喚起し，より高次の

学習に導くことができる。

　このようなプロセスを経て高められた学習要求に応じた教材を工夫し準備することで，循環性を持たせつつ，教授─学習活動を発展させていく。教授─学習活動においては学習の目的や内容を明確にし，子どもがイメージを持ちやすいように実物の教材，画像化した教材を取り入れ，また子どもが体験できるような教材を手がかりにして，子どもに楽しいと感じさせながら授業を展開していく。知的障害のある子どもを対象とした授業では，視覚情報や動作化による感覚的，運動的な情報伝達手段を多く取り入れ，子どもに具体的なイメージを持たせることが重要である。

　一つの事例として，福井県立嶺北養護学校の中学部で行われたGボール（直径45㎝と55㎝）を教材とした保健体育のマット運動や体力づくりの実践がある[15]。ボールはどの生徒にとっても身近なものであり，ボール遊びは生徒にとってイメージしやすい。教師たちはまずGボールを比較的障害の重い生徒の教室に置いた。そうすると休み時間に多くの生徒が弾ませたり，転がしたりして，楽しく遊ぶ姿が見られた。次に教師たちはGボールを「体づくり運動」（バランスと筋肉の複合運動），「マット運動」（前転と後転）の補助具として，活用した。体をGボールに乗せて，前に転ぶと前転になり，後ろに転ぶと後転になるというように，生徒たちに前転と後転のイメージを想起させ，授業を展開したのである。さらに，Gボールをレクリエーションの道具として，「ボールプール」「ペアになってボール運び」「いかだくみ」といった遊び活動へ展開した。

　この事例では学習活動に入る前に，親しみやすい教材になじませ，次に学習活動の中に取り込んだのである。こうした経緯から子どもたちは教材に対するイメージ・親和性を獲得し，学習活動の終了後も，自主的に遊びの中で活用することとなり，余暇時間を豊かに過ごすことになった。

4　まとめ

　特別支援教育の教師は，子どもの障害を後追いするケアや障害によりかかった教育をするのではなく，子どもの発達の可能性を認め，その力を伸ばしていかなければならない。また教師と子どもは教授─学習活動の仲間であるが，教師は子どもの学習意欲を引き出し，子どもの生き方を導く役割を担っている。子どもが授業で獲得した力は，知識・技能の進歩だけではなく，同時に生活の各場面で子どもの発達を促し，障害を軽減する力とならなければならない。

注
1)　京都府立与謝の海養護学校（1993）『与謝の海の教育』p.5, pp.152-185

2) ヴィゴツキー（柴田義松訳）(2001)『思考と言語』新読書社，pp.274-279
3) 広瀬信雄（2002）「授業展開の教授学」湯浅恭正・冨永光昭編著『障害児の教授学入門』コレール社，p.82
4) 前書掲2），pp.297-299
5) 糸賀一雄（1965）『近江学園年報』第11号，p.8。および清水寛（1985）『発達保障思想の形成』青木教育叢書，p.231より引用
6) 近藤益雄（1975）『近藤益雄著作集Ⅵ』明治図書，p.24
7) 大久保哲夫（1988）「障害児教育における授業とその研究」『障害者問題研究』No.53，全国障害者問題研究会，p.5
8) 近藤益雄（1937）「或る教師への手紙」『教育・国語教育』第25巻，厚生閣，p.151
9) 細渕富夫（2006）「重症児の発達の見方と指導　第4回コミュニケーションを豊かに」『みんなのねがい』No.470，全国障害者問題研究会，pp.42-43
10) 茂木俊彦（2006）「障害とコミュニケーションをめぐる理論的課題」『障害者問題研究』vol.34，No.3，全国障害者問題研究，p.8
11) 近藤原理（1986）『障害者と泣き笑い三十年』太郎次郎社，pp.70-71
12) 湯浅恭正（1997）「障害児教育における集団づくりと授業」『障害者問題研究』vol.25，No.3，全国障害者問題研究会，p.24
13) 同上書，p.27
14) 近藤益雄（1953）「特殊学級のカリキュラムをどう編成したらよいか」全日本特殊教育研究連盟編『児童心理と精神衛生』No.15，牧書店，p.43
15) 福井県立嶺北養護学校（2004）『くまんどう』pp.78-86

第3章
個別の指導計画の作成と個を生かす授業づくり

1 昨今の知的障害児の教育動向の中で

　特別支援教育が2007(平成19)年度よりスタートした。今日までの知的障害児のための教育の展開を見ると，特別支援学級は，小学校では，1978年の11,006学級をピークに1992年まで年々減少していたが，1993年から増加傾向に転じ，2001年以降，毎年過去最多を更新し，2005年には12,927学級に達している。中学校では，1975年の6,789学級をピークに1994年まで年々減少していたが，1995年から増加に転じ，2005年には6,264学級になっている。小中学校の特別支援学級はともに全学校の50%強を占めている。一方，特別支援学校については，知的障害は，2005年の学校数が535学校，68,328人の児童・生徒数となっており，ともに増加の一途をたどっている。

　ここで児童・生徒数の推移に関して特別支援学級について見てみると，小学校では，1973年の68,903人をピークに，その後年々減り続け，1995年には，28,675人とピーク時の約42%に減少した。1996年からはやや増加傾向になり，2005年には39,763人となっている。中学校では，1998年にはピーク時になる1972年の51,790人の約32%にあたる16,535人にまで減少したが，1999年からやや増加傾向となり，2005年には19,986人となっている。

　上記の推移の結果から，知的障害の特別支援学級の1学級あたりの在籍数は，1965年には9.3人（小学校），10.0人（中学校），1975年には6.3人（小学校），6.7人（中学校），1985年には4.6人（小学校），5.1人（中学校），1995年には3.0人（小学校），3.3人（中学校）となり，以後小中学校ともに平均在籍者が約3人という標準児童・生徒数の8人を大きく下回る少人数学級の状態が続いていると指摘できる。

　ところで，障害児教育の対象児については，特別支援学級，特別支援学校，通級指導で教育を受けている者は，2005(平成17)年は1.7%であり，LD（学習障害）やADHD（注意欠陥多動性障害）やAS（アスペルガー症候群）などの軽度発達障害児は6.3%と考えられており，加えればこれまでの対象児の約5倍の8%となる。こうした特別支援教育が進展しつつある中で，文部科学省は2003(平成15)年度から小中学校におけるLD等の児童・生徒への総合的な教育支援体制の整備を図る事業を実施している。そのひとつである毎年9月1日に調査基準日となっている体制整備の実施状況調査結果に注目してみると，個別の指導計画は2005(平成17)年には29%が作成済みとなっている。以上のことから，1学級に占める子ども

の人数の減少化とともに，個々を配慮する指導の具現化が行われつつあるのが今日的な特徴である。

本章では，個別の指導計画が有効で内実あるものとして役立っていくためには，授業と個別の指導計画の結びつきが大切になってくることを力説したい。特に，教授学的視点の授業研究に携わっている立場から，個を生かす授業づくりについて述べることにする。

2　なぜ，授業づくりを大切にするのか

授業とは，ある一定の時間に，特定の目標に基づいて子どもの身体や認識に働きかけてひとまとまりの活動を起こし，それによって目標として掲げたものを子どもの力量として身につけさせる営為とここではとらえたい。よく「授業は教師の生命である」と主張されることがある。これは，学校における最も重要な教育実践の場が授業であり，その教育実践者たる教師の力量が授業の中で問われていると解することができる。さらに，「よりよい授業にしたい」という願いは，教師にとって最も根本的でしかも永遠の願いであるといえよう。今，授業の本質について整理してみると，授業が教師の計画性，指導性を持った系統的な営みであることから，価値創造の営みととらえることができる。換言すれば，教師は日々授業をつくっていく，創造していくことになる。

3　教授学的視点と授業の過程

筆者の授業をとらえる観点は，教授学的視点である。ここでは，教師の指導性を重視しながら，一面的に子どもに知識のつめこみをするのではなく，授業過程を重要視して，この過程における子どもの意欲・安心感などという内面を大切にしている。子どもの能動的・主体的な学ぶ姿勢を欠かせない。また，特別支援学級や特別支援学校の学部という多様な集団の中で，子ども―子ども，教師―子どもといった関係づくりをしていくこと，そうした集団の教育力を発揮する集団指導の形態とともに，個別指導の形態の必要さも配慮している。すなわち，集団指導と個別指導は対峙する指導形態ではないという考え方である。さらに，個々に子どもを見ようとするとき，心理的・治療的な観点に終始するのではなく，教育的な観点を中心にした子ども理解に立脚する。

以上，教授学的視点では「授業研究」という研究方法が重んじられる。ここでは，教師，教材，子どもという授業を構成する3つの要因の関連性に注目し，授業を貫く法則性を明らかにして，その分析によって授業改善の方策を目的とする研究とおさえたい。これは研究者サイドに課せられることになる。一方，教師サイドでは古くからよく似た呼び方ではあるが「研究授業」という研究方法がある。それは，学校教育という現場で，教師の研修・研鑽の

第3章 個別の指導計画の作成と個を生かす授業づくり

ために学校内規模あるいは公開形式で実施されている。ここには授業を他の教師に見てもらい，批判や指摘を受けることで授業の改善に資するという本来の目的がある。

これら「授業研究」と「研究授業」の両者の共通性は，授業の改善をねらって質的向上を図ることにある。教授学的視点からは，理論と実践の統一を図る目的から，研究者サイドと教師サイドのパイプを構築したいと考えている。

先述したように教授学的視点では，授業の過程を重んじたが，本章では図3-1のように仮説として授業を構成する要素を掲げる。それは，①子ども理解（障害・発達・生活の視点，意欲，態度など），②教育目標の設定（本時の目標，個人のめあてなど），③授業準備（課題の設定，教材の選定，授業内容の構想など），④授業実施（相互作用，教材の提示，授業の雰囲気，学習指導法など），⑤授業評価（学習の成果，目標の達成，設計の吟味と修正など）である。①②③は設計，④は実施，⑤は総括と置き換えることもできよう。すなわち，ここからは，授業は設計→実施→総括→再設計というサイクルで創造されていくものと理解することができる。先に授業づくりとした所以もここにある。

この授業の設計から実施へ，そして総括から再設計へというサイクルの意義については，指導と評価とは表裏一体の関係にあるとともに，連続的な循環関係をなすと把握できることにある。指導と評価が相俟って授業が展開されることになる。授業では，一定の教育目標の達成を目指して，学習指導案が作成され，次にそれに則して指導が進められることになる。その成果は一定の時間・時期に評価され，評価された項目は次に実践される指導の手がかり情報としてフィードバックされる。このように，指導―評価過程においては，評価情報のフィードバックが絶え間なく反復されていると見ることができる。

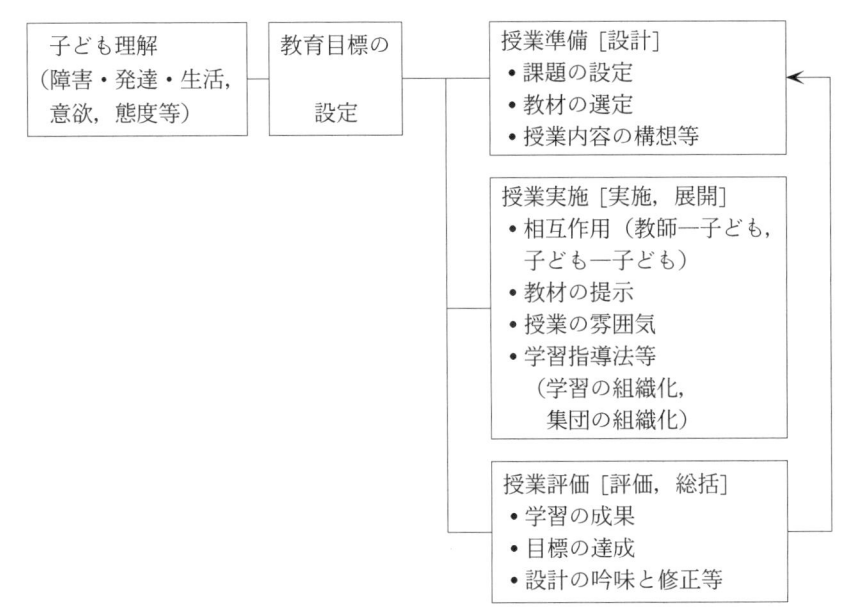

図3-1 授業の構成要素

4　個別の指導計画と教育活動での位置

　わが国における障害児教育方法の展開過程を概観すると，個別原理やその実践がもともと戦前からなされてはきたが，個別の指導計画という用語が使用されるようになったのは，アメリカの全障害児教育法（公法94—142）が1975（昭和50）年に施行されてからのことである。それは，IEP（Individualized Education Program）の紹介による。アメリカの全障害児教育法では，障害児に対して無償の適切な教育を権利として保障している。わが国では，骨子となる考えはアメリカのそれを参考にしてはいるものの，各地域や各学校の実態に合わせたものが実施されてきている。その経緯には，例えば1989（平成元）年告示の盲学校，聾学校及び養護学校小学部・中学部学習指導要領に個に応じた指導が教育課程実施上の配慮事項に盛り込まれ，個別指導の重視，授業形態の工夫が挙げられている。さらに，1999（平成11）年3月に告示された盲学校，聾学校及び養護学校学習指導要領には，重複障害児の指導において実態の的確な把握と個別の指導計画の作成が明示されている。

　個別の指導計画とは，子ども一人ひとりに即して，指導の目標，活動や内容及び対応の方法が示されている実践上の計画，あるいは個に応じた指導のため個々に立てられたある期間の教育計画である。その意義は，①最適な学習活動を明確にする，②一人ひとりに合った指導の工夫をしやすくなる，③ある期間の指導を個の視点から検討する，④教育が子ども，保護者，教師によって進められることである。

　個別の指導計画の手順は以下のようになる。一般的には，実態把握から始まり，目標の設定，指導計画の作成，指導の実際，評価という順で進められる。実態把握には，障害の種類や程度，言語・運動・情緒・行動面での発達の状態，社会性の発達，興味・関心などを十分考慮する。また，前担任や保護者はもちろんのこと，幼稚園や保育所，医療機関，福祉施設などの関係諸機関からの必要な情報を収集し整理する。目標の設定にあたっては，長期的な観点に立った指導目標と当面の具体的課題としての短期的な目標の設定が必要である。指導計画の作成は，各教科・領域等での長期目標を設定し，年間の指導計画を作成する。授業計画と関連し，学期ごとの，月・週単位の指導計画を作成する。指導の実際は，学習指導案の授業計画に基づき進められる。評価は，具体的に掲げた目標の評価を行い，学期ごと，年間の指導計画の評価を実施する。

　ここで，個別の指導計画と教育活動との関連を示した試案を図3-2に提示してみる。この図は知的障害の特別支援学校を念頭に置いたものであるが，そのキーポイントは教育課程が各教科・道徳・特別活動・自立活動からなっており，教育の構想とそれに基づくプログラムを構造化して教育全体が見えるようにしたところにある。この教育課程と子どもの実態によって各学部や学級では指導計画（年間指導計画，単元・題材指導計画，学習指導案）を作成

第3章 個別の指導計画の作成と個を生かす授業づくり

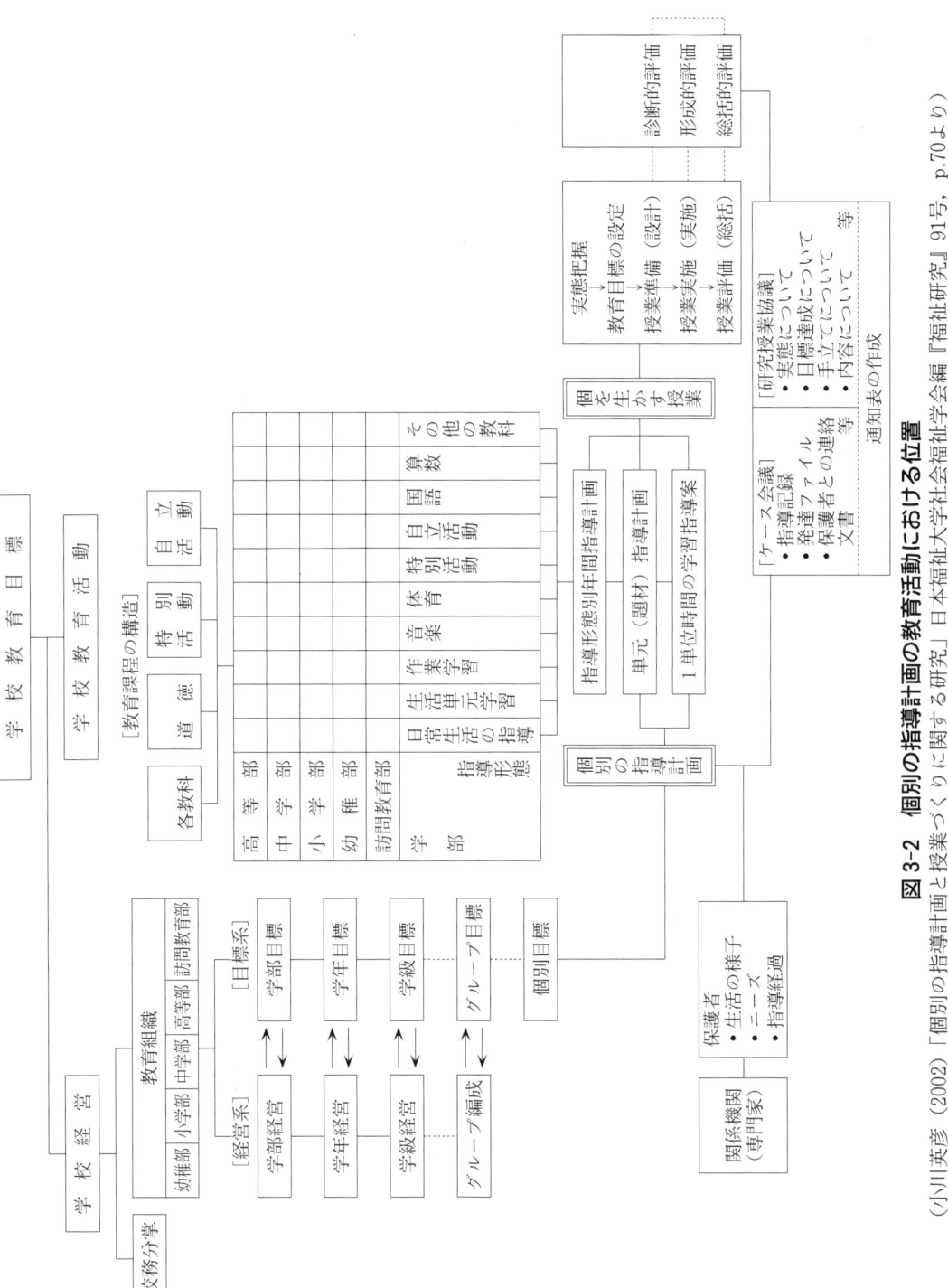

図3-2 個別の指導計画の教育活動における位置

(小川英彦 (2002)「『個別の指導計画と授業づくりに関する研究』日本福祉社会福祉学会編『福祉研究』91号, p.70より)

することになる。次に個別の指導計画で記述された事項が，指導計画や学習指導案に一定移行されることになる。そして，実際にはこの指導計画や学習指導案により授業が展開されることになる。それが図3-1の「設計から実施」という流れであった。この一連の過程においては個別の指導計画から導かれる目標，内容と，教育課程から導かれる目標，内容が統合されて個を生かす授業が実施される点を重視しなければならないことを強調しておきたい。個別の指導計画の作成に労力がかかり，それで終わっているのでは教育の成果は期待できない。単に形式の整えを目的化するのではなく，子ども一人ひとりの主体的な学びを，授業で具現化することに資するものでなければならない。大切なのは個別の指導計画が実際の授業の中でいかに活用されるかといった，授業との関連が明確にされて位置づかなければならないのである。教授学的視点から授業づくりを求める上では，個別の指導計画が教育課程の編成も変えるといったことに注目したいものである。総じていえば，子どもの変容に即して教育課程の再編成をしていくことこそ授業改善につながるものである。

さらに，この一連の流れでは個別の指導計画と学習指導案とのつながりが重要になってこよう。ここでは，目標における関連が問われよう。個別の指導計画で立てられた短期目標が具体化され授業の設計に掲げられないと，子どものニーズに合った，生活に生かされる学習活動とはなりにくいことになる。学習指導案例をいくつか検討してみると，個別の指導計画で設定した目標が，学習指導案の個々の目標記載欄に明示されていたり，単元や本時のねらいという記載欄で整理されていたりするものがある。大いに参考にしたいものである。

最終的には個を生かす授業がなされた後は，評価のための研究協議会や，ときにはケース会議が設定される。この評価の場を通して，子どもの新たな実態，すなわち獲得した能力やスキルなどが個別の指導計画の実態欄に加筆されることになる。また，保護者との関わりでは，個々の子どもの教育ニーズに基づいて，どのような教育の内容と方法が提供されたか，子どものいかなる変容をしたかを説明することになる。従来のわが国の学校教育では，保護者の参加はほとんど考えられてこなかった。しかし，個別の指導計画の導入を契機に，インフォームド・コンセント（説明と同意）やアカウンタビリティ（説明責任）を重視する考え方が広がっていくことに期待したい。

5　個を生かす授業づくり

授業づくりには，図3-3のようにフィードバック機能を利用したサイクルが必要であって，第一に，的確な実態把握をすること，具体的な指導目標を立てることが決め手になるといっても過言ではなかろう。

子どもの実態把握・子どもの理解は，授業の進行に大きく左右するもの，授業の在り方の基底部をなすといってもよかろう。教授学的視点では，教師が教材を仲立ちとして子どもに

第3章　個別の指導計画の作成と個を生かす授業づくり

働きかけ，子どもが能力を獲得し，新たに発達した姿を大切にしている。換言すれば，実態把握は一回したらそれでいいというものではなく，課題に立ち向かっていく子どもの姿とその変化の中でとらえられる。動的な子ども把握とでもいえよう。子ども理解に可変性がなくなるということは，授業の硬直化，マンネリ化を引き起こすことになる。ここでは，実際に指導する内容に子どもが取り組む姿を見て，その活動での達成度を評価しなければならない。どのような指導を必要としている実態にあるのかといった指導のための実態把握といえる。このとき，単にできる・できないといった観点だけで評価するのではなく，子どもの内面，例えばその授業への意欲・関心・充実感・成就感をとらえる観点も併せて評価としたい。

目標は，教師が期待できる姿を想定して，確固として実践できる個別の目標を個別の指導計画との関連で設定することになるが，ここには，ヴィゴツキーの発達の最近接領域論に指摘されるような，子どもがどこまで発達してきているか，近い将来どう発達していくのかといった発達的な見方は不可欠である。また，子ども自身が見通しを持てるような目標を掲げることも要点となってくる。

以上のように，実態把握と目標設定がスムーズにいくためのひとつの試みとしてアセスメントシートを実施することが有効になろう。アセスメントシートとは，それぞれの授業について学習内容別に目標と実態把握を整理し一覧としたものである。例えば，音楽の場合，観点として，音楽遊び・鑑賞・身体表現・器楽・歌唱の大項目に分け，各大項目ごとに，器楽なら，①いろいろな打楽器を使って自由に音を鳴らす，②一定のテンポで打楽器をたたき続ける，③合図に合わせてたたく，④決まったリズムに合わせてたたく，⑤たたく，休むを理

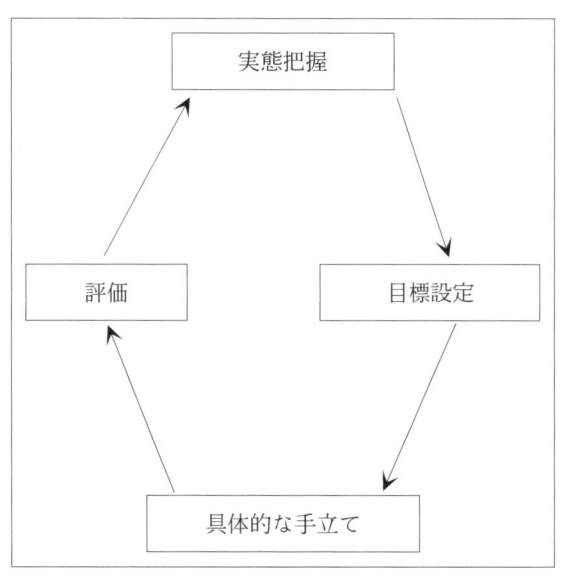

図3-3　個を生かす授業でのサイクル
（安斉好子（2006）「個別の指導計画を生かした音楽の授業と学習指導案―アセスメントシートの活用」全日本特別支援教育研究連盟編『特別支援教育研究』第589号，日本文化科学社，p.9より）

解する，⑥大きい音・小さい音が出せる，⑦速度に合わせて楽器を鳴らすといった小項目を整理して，一人ひとりの子どもがどの程度達成できているのかを○，△，×といった3件法でもってつかむ評価表である。このアセスメントシートを利用して教師が的確な実態を把握し，具体的な目標を立てることができれば，個を生かす授業づくりに役立つと考えられる。

このアセスメントシートの利用は，個別の指導計画においては，子どもの実態を把握しニーズに応じた課題の設定につながる。一方，年間指導計画や単元（題材）指導計画においては，子どもの興味・関心，今の達成度に即した指導内容と指導方法，有効な教材の選択につながる。そして，学習指導案の中では課題別に目標を設定して指導をしていくことができ，個を生かす授業の進展になっていくと考えられる。

第二に，具体的な手立てと評価をしていくことがサイクルでは求められよう。

具体的な手立てとは，どの子も主体的に活動できる単元・題材のテーマや内容と期間の設定，個々に合わせた活動（例えば工程の選択），自立的に取り組める遊具・道具・補助具の用意と工夫，繰り返しがあり見通しを持ちやすい週日課や場所や場面の整備などである。

個を生かす授業づくりでは，子どもが考えるという視点，日常生活とつなぐという視点に立つことが大切となる。手立てを通して，子どもが教師から与えられ受け取るという伝達・注入主義的な授業観に終始するのではなく，子どもが能動的に取り組める授業観であることがポイントとなってくる。それは，一定の学習内容を能動的活動の中で習得するのか，あるいはただ受動的に与えられるかでは獲得する学力の質が異なってくると考えられるからである。

評価をめぐっては，「子どもの学力や行動を評定する仕事であるとともに，このことを通して教師の実践や教育条件を評定する仕事である」と定義される（中内，1988）。この見解からは，評価を実施する目的は，子どもに次の目標を与えるとともに，教師自らに次への教育プランを立てるための資料を得ることが問われていると理解することができる。授業づくりにおいては，授業の深化・発展する過程に対してのそれぞれの評価がある。それは図3-2にも示したが，学習を開始するまでの段階（設計）での診断的評価と称されるもの，学習を進め展開しつつある段階（実施）での形成的評価と称されるもの，学習が終了した段階（総括）での総括的評価と称されるものが相当する。特に，授業が終了したときの，実態把握と目標設定と具体的な手立てに対する評価を確立していくことが個を生かす授業づくりでは重要になってくる。それは設計→実施→総括→再設計と次への授業へと循環してつながっていると見ているからである。

6 まとめに代えて

本章では，個別の指導計画を生かした授業づくりという視点で検討をしてきたが以下にま

第3章　個別の指導計画の作成と個を生かす授業づくり

とめを行っておきたい。

　第一に，個への指導の在り方は，単に1対1の指導形態だけを優先して求めるのではなく，子どもの最善の利益を考えた上での総合的な指導体制が設定されるという点である。

　第二に，教師間の連携，学校全体でコンセンサスを持って推進されること，子ども本人や保護者のニーズといった共通理解を経た指導が行われる点である。

　第三に，どこまで子ども本人の今とこれからを豊かにするものとし得るか，幼小の連携といったライフステージの観点やQOL（生活の質）を考慮する点である。

引用・参考文献

- 小川英彦（2002）「授業評価・システムの教授学」湯浅恭正・冨永光昭編著『障害児の教授学入門』コレール社，pp.97-117
- 小川英彦（2004）「個別教育計画」日本教育方法学会『現代教育方法事典』図書文化，p.160
- 小川英彦（2005）「個別の指導計画と障害児教育」日本特殊教育学会第43回大会自主シンポジウム49配布資料，金沢大学
- 日本発達障害福祉連盟（2006）『発達障害白書2007年版』日本文化科学社
- 全日本特別支援教育研究連盟（2006）『特別支援教育研究』第589号，日本文化科学社
- 東京学芸大学教育学部附属養護学校（2000）『1999年度研究紀要』44
- 東京学芸大学教育学部附属養護学校（2001）『2000年度研究紀要』45
- 中内敏夫（1988）「評価とは何か」青木一他編『現代教育学事典』労働旬報社，p.638

まずは子どもをしっかりと見ること

　これは，私が教員になって初めて担任をしたときのことです。そのクラスには双子の子どもがいました。この二人の見分けが最初なかなかつきません。一人ひとりの子どもの名前を覚えるのも必死だった私は，「この二人はどうやって見分ければいいんだろう？」と悩んでいました。それでも「まあそのうちなんとかなるさ」と楽観的に構えていた私。ところが4月当初の家庭訪問で，保護者から「前の先生は結局最後まで二人の見分けがちゃんとついていなかった」といわれ，それがものすごい重圧となって私にのしかかってきました。

　しかし当然のことながらお母さんはきちんと見分けているわけですし，他のベテランの先生も見分けていました。その先生に「どう見分けているのですか？」と聞いても「うーん。なんていったらいいかな。まあつきあっていくうちに見分けられるようになるよ」という，はなはだ心許ないお答え。このままでは保護者から担任失格の烙印を押されてしまうという危機感が新人の私にどっと押し寄せてきました。

　とにかく二人がいるときにどこか違いはないか，必死になって見ました。「見る」というよりも「観察している」といった方が正しいかもしれません。でも気がつくとどうしても服の違いと他の先生が「〇〇くん」と呼ぶのを聞いてなんとか見分けているという日々が続いていました。

　ところがある日，お兄ちゃんの左目の下のところに，弟にはない小さな小さなほくろを見つけました。「やったー！」と叫びたいほどうれしかったことを覚えています。今となっては何か恥ずかしさを感じるような出来事ですが，そのときの私にとっては「これで保護者に胸を張って『大丈夫です。見分けられます』といえる」という気持ちでした。もちろんベテランの先生が話していたように，一緒に学習や生活をする中で，徐々にそんな印に頼らずに見分けることができるようになっていきました。

　授業を進める，一日の予定をとにかくこなす，という中で，実は案外子どもをしっかりと見ていないということに陥る場合があります。新人にありがちな落とし穴かもしれません。

　「まずは子どもをしっかりと見ること」──このことが大事だということを否定する人はあまりいないでしょう。しかし，それを実行するということはかなり意識をしないとできないことでもあると思っています。そしてまた，それはあらゆる局面を打開する糸口にもなると思っています。

　「悩んだら，迷ったら，まず子どもをしっかりと見よう」と私はそれを原則にして子どもたちとかかわっています。

（高橋浩平）

第2部

子どもの発達と楽しい授業

　さあ，続いて授業づくりの実際に入っていきましょう。
　ここでは，ことばの発達とコミュニケーションの指導，算数・数学の指導，音楽の指導，生活単元学習の指導について事例を挙げながら，とにかく「授業をこなせる」力がつくように考えました。
　実際に現場にいる先生方には，目の前にいる子どもたちに合うようにアレンジしながら，使えるところをどんどんご活用いただければと思います。

第4章
ことばの発達とコミュニケーションの指導

1 ことばの発達について

(1) ことばの発達とは何か

　「ことば」とは，広辞苑によると「ある意味を表すために，口で言ったり字に書いたりするもの」であると定義されている。つまり，何かの目的を持って伝えるためにある意味を表し，口や文字などの手段を使って表現することである。

　人が初めて「ことば」を表現するのは，生まれたばかりの赤ちゃんが「オギャー，オギャー」と泣くことであろう。赤ちゃんは，泣くことや笑うこと，身体を動かすことなどを使って，自分のメッセージを伝え，母親とコミュニケーションをとっている。また，赤ちゃんの発達の過程において，表情や発声，身体の動きなど目的的に意味を添えて，他者とコミュニケーションすることを学習していくのである。生後3カ月，6カ月，1年と成長・発達するにつれて，見たり，聴いたり，物を握ったり，移動したりすることなど，人間として全体発達しながら，ことばの力や基礎も育っていくのである。

(2) どのようにコミュニケーションをするか

　コミュニケーションは，人と人が音声や文字，ジェスチャーなどを用いて情報交換し，思想や感情，意思などを伝達するプロセスである。そこには，人に何かを伝えようとする意思（伝達意図）と伝える内容（伝達内容），伝えるための手段（伝達手段）がある。

　人は何かの目的を持って，他者へ自分の意図することを伝えるために，非言語コミュニケーションや言語コミュニケーションなどの手段を使ってやりとりをするのである。非言語コミュニケーションとは，視線や顔の表情，サイン，ジェスチャー，発声などである。言語コミュニケーションとは，音声または文字などを用いて気持ちや考えなどを伝えたり，理解したりするために示すものである。

　人がコミュニケーションをするためには，文字やシンボル，サインなどの視覚的な手段や音声などの聴覚的な手段，手や身体などによる触覚的な手段を用いてメッセージを伝えることができる。しかし，コミュニケーションは，相互に共通した非言語や言語を理解した上で成り立つものである。

第4章　ことばの発達とコミュニケーションの指導

子どもは，表情や身体の動き，音声などの様々な手段を用いてメッセージを伝えたり，解釈したりすることなど相互に成功体験を積み上げながら，次第にコミュニケーション力を深めていくのである。

(3) どのように発達するのか

乳児は，空腹時以外に，疲れたときや不快なことがあったときにも泣いて周囲の人たちに知らせる。周囲の人や養育者が反応してくれると，次もその反応を期待して泣いて知らせるようになる。この繰り返しにより，初期の人間関係や親子関係が形成される。また，生後2カ月くらいまでに，外界からのきっかけがないのに微笑むように「自発的微笑」が見られる。この微笑むことが周囲の養育者にとって，とても愛らしいため，微笑み返したり，声をかけたりするなどの反復によって，同調相互活動が活発になるのである。

このように，大人と子どもが笑ったり声をかけたりするなど相互活動によって相互理解の基盤ができ，様々なやりとりでのパターンを理解し合い，気持ちを通わせるようになるのである。つまり，言語的な発達をするためには，人との関わりを通して相互作用が基盤となり，初期発達には人間関係が深く関連するのである。ことばによるコミュニケーションの発達に関わるいくつかの領域の発達指標を表4-1（次頁）に示した。

(4) ことばの発達を支えるには

私たちは，「リンゴ」という音を聞いて，りんごを指差したり，りんごを見て「リンゴ」といったりすることができる。このことが可能になるためには，りんごとバナナの形が違うことや，「リンゴ」と「バナナ」の音が違うことなどに気づく必要がある。つまり，物の形や色，大きさなどを弁別する視覚機能や音の違いを弁別する聴覚機能，音からイメージを描く共通認識を持つことなどが整っている必要がある。また，ある物を音声という別の記号で表現する象徴機能が育つ必要もある。

また，各機能が発達する上で，自分と外界とのつながりを認知することも重要である。その基礎は，自分と「他者」との間に「事物」を介在させて，図4-1のように『子ども―他者―事物』といった「三項関係」がことばの発達と深く関係している。それは，生後6～7カ月以降に対人的交渉など大人と子どもといった二項関係を基盤に，事物を介在としたやりとりを通して，1つの対象や出来事など他者と注意を共有する「共同注意」が重要な発達である。例えば，この共同注意行動の一つとして，供応や要求時に示す「指さし行動」等がある。

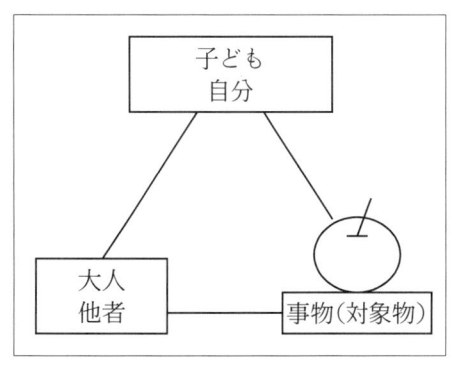

図4-1　三項関係の成立

表4-1 コミュニケーション発達の指標

月齢	コミュニケーション行動	社会的相互作用	認知・象徴機能	表出手段
0	前意図的コミュニケーション ・大人が子どもの意図を推測する ・ジェスチャー，文脈を伴ったことばの理解	人への志向性 ・じっと見る ・人の声の方を見る ・あやされると笑う ・人に笑いかける 共同注意 注視 リーチング	知覚的基礎 ・刺激の受容 ・追視 ・音源定位 ・特徴の確認 物の永続性 認知的基礎 ・刺激と指示対象の関係	反射的表出 ・舌の突き出しの模倣 ・叫喚音 ・非叫喚音 笑いの文節性 ・足蹴りと笑いの同期 ・リズミカルな手の動きと笑い 呼気の断続的反復 喃語の出現 過度的喃語 基準喃語
7〜8	直接的行為を求める （泣くことで抱っこを要求する）			
8〜9	意図的コミュニケーション ・非言語的シグナルを利用 ・慣習的発声，視線，動作 原命令 原叙述	三項関係 ジェスチャー 指さし理解	事物のカテゴリー化 手段―目的関係 ことばの理解	動作模倣 （即時的）
12 16	ことばによるコミュニケーション ・物やジェスチャーを伴う ・指さしの機能分化 （行為の要求，共感，存在，応答）	提示・手渡し 指さしの使用 自己主張・拒否 所有への欲求	象徴機能 ・見立て遊び ・ままごと	始　語 遅延模倣 語彙の増加 2語文

第4章 ことばの発達とコミュニケーションの指導

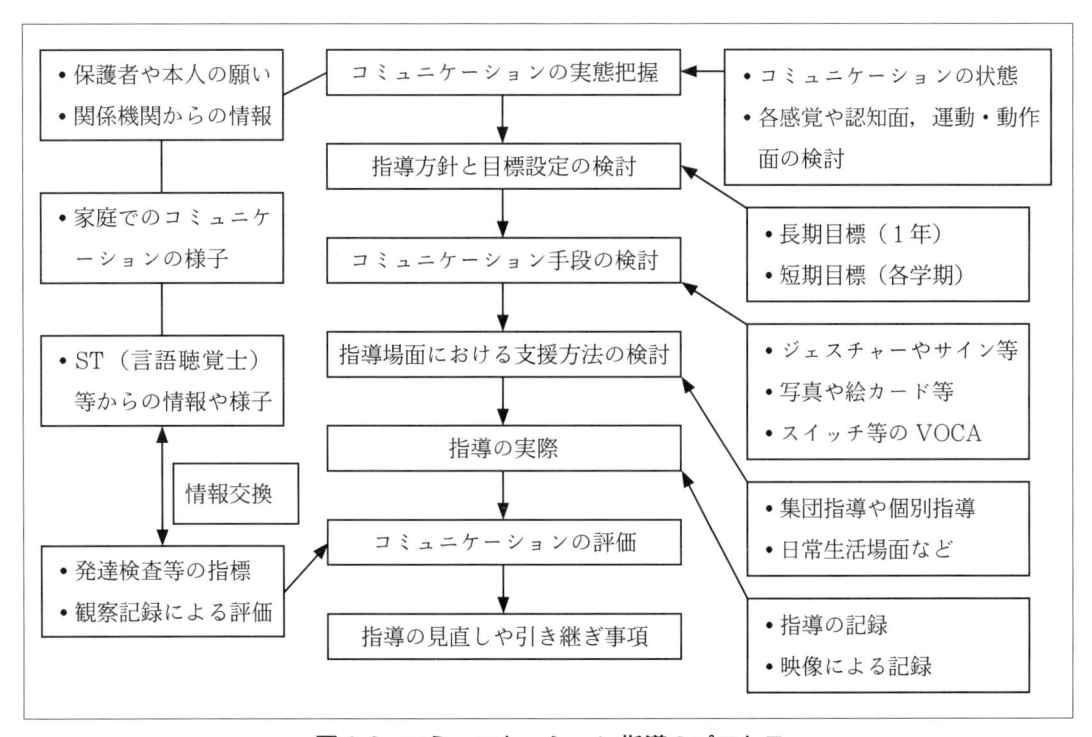

2 コミュニケーション指導の考え方と方法

(1) コミュニケーション指導にあたって

　障害のある子どもたちが，家庭や学校，地域で生活をするためには，周囲の人たちとコミュニケーションをする力が必要不可欠である。そのコミュニケーション力を育てる重要な役割の一つとして学校がある。学校には，たくさんの友達や先生と出会う機会と，国語や算数，音楽などの教科や遊びの指導や生活単元学習，自立活動などの学習時間がある。また，給食や休み時間，校外学習など様々な生活を通した学習場面と機会がある。言い換えれば，より多くの人たちと出会い，コミュニケーションする機会があるということである。だからこそ，学校という場は，障害のある子どもにとって多くの出会いと機会を通してコミュニケーション指導ができる重要な場になるのである。
　ここでは，実際にコミュニケーション指導における考え方や方法について説明する。

(2) コミュニケーション指導のプロセス

　コミュニケーション指導するための指導プロセスを図4-2に示したい。

図4-2　コミュニケーション指導のプロセス

前記のように示したコミュニケーション指導のプロセスに沿って，実態把握や目標設定，コミュニケーション手段，指導場面での支援方法など指導に関する必要な考え方と方法について述べる。

(3) コミュニケーションの実態把握をするには

　前記の図4-2で示したように，子どものコミュニケーション指導計画を立てるためには，子どもを取り巻く家庭や医療，言語療法などの各関係諸機関からのコミュニケーションに関する現状の実態把握をする必要がある。また，学校生活全般において朝の会や遊び，給食の時間など，子どもの様々な意思表出している場面を観察することも大切である。

　このように保護者や本人の願いや希望を踏まえ，家庭でのコミュニケーションの様子や関係諸機関からの情報，学校生活全般の様子など，子どもの生活全体から総合的に実態を把握することが大切である。このように，子どものコミュニケーションに関する実態把握を通して，子どもがどのような場面で，どのような方法で，どのように内容を伝えているかというコミュニケーションの実態を整理して，子どもに関わる担任や保護者，担当などの間で情報の共有化をすることが大切である。

　そこで，子どもの実態を把握するために，コミュニケーションと関連するいくつかの行動特徴を下記に示した。

①　身体運動機能
・身体の各部位がわからない
・手足の動きがぎこちない
・指先を使う動作が苦手
・動きがぎくしゃくしている

②　感覚機能
・物の位置関係を理解することが難しい
・上下，前後，左右などがわからない
・形が把握できない
・鏡文字を書く

③　聴力機能
・呼びかけても，気づかない
・ある特定の音だけに反応する
・正しく復唱することが難しい
・耳をふさぐ様子が見られる

④　言語理解，表現
・指示に従った行動が難しい
・絵本等に興味を示さない
・指さし行動が難しい
・話せることばが少ない

⑤　日常生活に関して
・よだれが出やすい
・舌や唇の動きがぎこちない
・ストローやコップで飲むことが難しい
・口を開けていることが多い
・歯磨きや手洗い等の生活習慣が身につかない

第4章　ことばの発達とコミュニケーションの指導

(4) コミュニケーションを考える側面

次に，この実態把握から子どもがどんな手段を活用したら，周囲の人たちとコミュニケーションをとることができるようになるか検討する必要がある。そのためにも，子どものコミュニケーション手段や理解力などを把握することが大切になる。

① 非言語的コミュニケーションについて

まだ，音声言語の表出がない子どもの場合は，視線やジェスチャー，表情などのような非言語的な表出でコミュニケーションをする。そのため，非言語的な意思表出には，子どもの様々なメッセージ（意味）が込められて発信されている。子どもから発信されている視線やジェスチャー，サイン，表情などの意思表出を注意深く観察し，その意味を解釈することが重要である。ここでは，学習場面における子どもが発信する非言語的な意思表出と解釈について表4-2に示した。

表4-2　非言語的な意思表出と解釈

場　面	非言語的な意思表出	メッセージ（推測した意味）
朝の会	・呼名をすると，にっこりと微笑む ・楽器を使う場面で，手を差し出す。	応答もしくは嬉しい 「ちょうだい」「ほしい」
遊びの場面	・スクーターボードを見てから先生を見る。 ・トランポリンのそばに来ると，手を挙げて喜ぶ。	「乗りたいなあ」 「遊びたい」
給食の場面	・牛乳を持って，先生に差し出す。 ・一口，食べ終わると声を出す。	「飲みたい」 「もっとちょうだい」 「おいしい」
下校の場面	・靴を持って，待っている。	「帰る」「履かせて」

② 言語的なコミュニケーションについて

言語的な意思表出は，はっきりとした音声言語での場合や構音器官に課題がある場合など様々な状況が考えられるため，生活場面での言語表出を書き出したり，場面をビデオ等で記録したりして，子どもがコミュニケーションしているときの意思表出内容を整理することが重要である。また，記録や言語的な意思表出内容を整理することで，担任間で共通理解するだけでなく，家庭での様子やことばの解釈についても話し合うときに役立つ。

子どもは，学校生活場面だけでなく，家庭や地域などその場面や状況に応じて意思表出する内容やことばが違う場合があるので，相互に協力して子どもの発信していることばを理解し，共有化することが大切である。例として，表4-3のように学習場面で表出していることばと解釈を示した。

表 4-3　言語的な意思表出と解釈

場　面	言語的な意思表出	メッセージ（解釈した意味）
朝の会	・呼名をされると，「あっ」と発声してうなずく。 ・先生の方向を見ながら「たあーたん」と呼ぶ。	「はい」 「先生」
作業の場面	・ミキサーを指して，「ガーガー」と応える。 ・先生や友達を指さして「おっ」と話しかける。	「ミキサーを取って」 「あなたは？」
給食の場面	・おかずを食べるか聞くと「いや」と応える。 ・食べ終わってから「おわり」と言う。	「きらい」「いらない」 「ごちそうさま」
下校の場面	・先生や友達に手を挙げて「ばあばあ」と言う。	「ばいばい」

③　認知・理解面について

　子どもの認知理解の状況については，どのようなコミュニケーション手段を利用してやりとりすることが可能かを検討したり，判断することが必要である。

　例えば，具体物を理解している段階なのか，それとも，写真や絵カードなどを理解できる段階なのか，それとも音声だけで理解して行動することができるかなど，子どもが手がかりとしているものは何かを探り，利用できる手段を検討することが大切である。その認知・理解面の状況を把握するためのいくつかの視点を表4-4で示した。

表 4-4　認知・理解面の視点

○音声と具体物が一致できるか。
○絵柄のマッチングは可能か。
○写真の違いの理解は可能か。
○シンボルやマークを理解が可能か。
○文字と音声のマッチングが可能か。
○音声だけで行動に移すことが可能か。

音声と絵カードのマッチング

④　運動・動作面について

　運動・動作面については，子どもがコミュニケーションをする場合に，どのような姿勢やポジショニングがよいのか把握する必要がある。特に，肢体不自由の子どもにとっては，日常生活場面において，どのような姿勢で活動することが多いか，また，楽なポジショニングは何かなどを検討することが大切である。

　例えば，椅子に座って活動することが多いが，手が動かしづらいとか，寝ている姿勢が多いが，横向きなら手や腕を動かすことができるなど，子どもの姿勢と各部位の動きについて

第4章　ことばの発達とコミュニケーションの指導

観察することが重要である。また，コップを持ったり，物を操作したりする際には，どちらの手を主に使って操作するかということが一つの要素となる。なぜなら，スイッチ等のVOCA†を使用する際の位置やキーボード操作，コミュニケーションボードを活用時の指さし，ジェスチャーやサインなどのコミュニケーション手段を検討する上で上肢動作は重要となるからである。例として，運動・動作面での視点について表4-5に示した。

表4-5　運動・動作面の視点

○左右のどちらの手で物を操作するか。
○頭部や体幹の保持は可能か。
○正確な動きを引き出せる部位はどこか。
○指先の使い方はどうか。
○物をつかんだり，放したりできるか。
○手指の動きはどうか。

(5) コミュニケーション指導の目標設定をするには

教師は，発達検査や保護者や本人の意見や関係諸機関からの情報を参考にしながら，実態把握に基づいて，コミュニケーション指導の目標設定をする。また，子どもの生活環境や実用可能なコミュニケーション手段を検討し，目標設定をすることが前提となる。
目標設定の具体化のためには，次の2つのポイントがある。

① 目標を具体的で判断可能な行動として表現し，記入すること
② 目標達成の期間を明確にすること

一つ目のポイントは，目標設定を具体的なコミュニケーション行動で表現することである。実態把握に基づき，子どもの具体的なコミュニケーション行動を，一目で判断可能な表現で目標設定することが重要である。

例えば，「2枚の写真カードから1枚を選ぶことができる」「3つの絵と文字のマッチングをする」などのように具体的な行動として示すことで，わかりやすい目標になり，学習の評価をしやすくなる。目標設定の注意点としては，「○○を楽しむ」「○○の雰囲気を味わう」などのように曖昧な表現や，読み手にとって意味や解釈が異なるような抽象的な表現にならないように留意する。

二つ目のポイントは，目標を達成するための期間を明確化することである。具体的に示したコミュニケーションの目標を，どの期間に達成するかを明確にする必要がある。例えば，朝の会の時間に「お天気カードを選び，手渡すことができる」という目標を設定したとする。この目標を1年間かけて達成する目標なのか，それとも各学期（約3カ月）で達成する目標であるかなど，具体的に達成する期間を子どものコミュニケーション状況や理解力などを総合的に検討して決定する必要がある。目標設定期間として，長期目標（1年もしくは3年）や中期目標（6カ月もしくは1年），短期目標（1カ月もしくは3カ月）などのように，あ

---

† Voice Output Communication Aid の略。音声を出力できる意思伝達装置のこと。

る程度の期間を想定して，達成可能な具体的目標を設定することが大切である。

(6) コミュニケーション手段の検討

子どものコミュニケーション指導をする上で，実態把握を基に検討した内容から日常生活において，どのようなコミュニケーション手段を活用するかが重要になる。近年，音声言語の意思表出が難しい子どもに対するAAC（Augmentative & Alternative Communication；拡大・代替コミュニケーション）アプローチという有効的な考え方がある。AACとは，「個人のコミュニケーション能力を拡張するために用いられるシンボルやエイド，方略および技法などの各種要素が統合されてできた集合と定義される」ものであるとしている（ASHA（American Speech-language-Hearing Association；アメリカの言語聴覚学会），1991）。

AACの取り組みは表4-6に示した階層的な表現手段として，表情や身振り，サインなどのように身体的なコミュニケーション手段や実物や写真，シンボルなどのような表出手段などがある。また，スイッチやキータイプのVOCA，パソコンなどのようなコミュニケーション支援機器などがある。これらのAACは，子どもの実態に応じて，様々な表現手段を日常生活の必要な場面で，適切に活用することが大切である。

表4-6 コミュニケーション手段の階層性

コミュニケーション表現手段	コミュニケーション表現手段の利用
① 具体物（実物）	① 具体物や模型を選択する
② 模型	② コミュニケーション・ボードの活用
③ 写真や絵	③ コミュニケーション・ブックの活用
④ シンボル	④ スイッチ操作による絵や写真、シンボルなどを選択する機器
⑤ 文字	⑤ 電子的なコミュニケーション支援機器（トーキングエイドやスイッチ類など）

(7) 指導場面における留意点

次に，どのようなことを踏まえて指導内容や活動を設定したらよいのか，また指導場面での留意点について説明する。

第一は，子どもが興味や関心を持って主体的に取り組み，成就感を味わうことができることである。例えば，ブランコやトランポリンなどの揺れを好む子どもであれば，その遊びを通して，「もう一回遊びたい」「おしまい」などの意味としての意思表出を受け止めるようにして，関わり手も視線を向けたり，音声言語を同期してサインやジェスチャーをしたりするなど，相互作用するようにコミュニケーションする機会を設定することが大切である。

第二は，障害の特性を考慮した上で，実際的な経験等による具体的な学習活動を通してコミュニケーション指導することを検討する。例えば，シンボルや文字の理解が難しい子どもの場合は，関心や興味がある玩具を2つ用意して「どっちで遊ぶ？」と聞くことで，子どもの視線や指さしなどのコミュニケーション手段で選択できるようにする。また，子どもが自分の意思で選択した活動が，直接的な活動へ結びつくことで「伝わる」経験を積み上げることができる。

　第三は，個々の子どもの発達の進んでいる側面を伸ばす視点である。遅れている側面や改善の必要な側面ばかりを課題にするのではなく，子どもの長所を生かすようにする。子どもの興味や関心につながる内容や実際的な活動，長所を生かす視点などを踏まえることで，子どもの意欲や自信を喚起し，学習に意欲的に取り組めるようにする。また，指導内容を具体的に考えるポイントとして，次の点が挙げられる。

① 目標を達成しやすい学習場面は何か。
② 子どもが力を発揮できる教材・教具は何か。
③ 子どもが手がかりとする情報は何か。
④ 子どもにわかりやすい指導内容は何か。
⑤ 持続できる学習時間はどのくらいか。

(8) おわりに

　コミュニケーション指導は，人と人との関係において成り立ち，情報を共有したり，気持ちを通わせたりするなどの重要な役割を果たしている。コミュニケーション指導において大切なことは，子どもを取り巻く生活環境や各関係諸機関からの情報などを含めて総合的に実態を把握することである。また，子どもの発達状況に合わせてコミュニケーション手段を適切に活用することも重要である。

　何よりも，子どもの内面的な気持ちに共感し，興味や関心を揺さぶりながら相手に「伝えたい」という気持ちを育み，「伝わる」というコミュニケーションの成功体験を増やすことがコミュニケーション指導する上で大切なことである。

引用・参考文献

- 石田宏代（2005）「ことばの発達と評価」肢体不自由教育研究会編『肢体不自由教育』170号，日本肢体不自由児協会，pp.4-9
- 石田宏代（2002）「前言語期の言語発達と評価」大石敬子編『ことばの障害の評価と指導』大修館書店，pp.8-26
- 渡邊章（2002）「コミュニケーション面の指導」『自立活動指導ハンドブック』心身障害児福祉財団，pp.106-124
- 古山勝（2007）「障害の重い子供の学習評価」肢体不自由教育研究会編『肢体不自由教育』181号，日本肢体不自由児協会，pp.44-47
- 久保健彦編著（2002）『AAC』言語聴覚法シリーズ16，建帛社

第5章
算数・数学の系統性と教材開発

1　はじめに

　従来の知的障害児教育においては，知的発達の状態が未分化であれば，領域・教科を合わせた指導の必要性が高くなり，知的機能の分化の程度が高くなるにしたがって教科別に指導ができるといわれてきた。また抽象的な思考が求められる算数・数学は知的障害児にとっては難しい分野といわれてきた。しかし，特別支援教育になって，難しいからといって避けて通れない分野になったのではないかと筆者は考える。

　この章の実践は主として特別支援学級のものであるが，算数・数学の教科学習を行うために「特別な教育的ニーズがある」子どもにとってのヒントにもなりうると考える。

2　なぜ，算数・数学を行うのか

　知的障害児教育の分野においては，算数・数学などよりも買い物学習や作業的な学習など実質的な学習が重視されてきた。そこで，まず「なぜ，算数・数学を行うのか」ということを整理したい。

(1)　基礎教育として必要なことがら

　「知的発達を促すためには，発達を自然のうちに放置しておくのではなく，発達の初期の段階から確実に積み上げていく必要があると考えている。教科の指導に入る前に，そこに進むために必要な，基礎的な概念や認識，思考方法を教科学習の準備のための基礎教育として指導しなければならない。普通の子どもが就学前に，自然のうちに得てきてしまうようなものを，私たちは，教育の中で意図的に基礎教育として組織しようと考えているのである。」
（遠山，1972）

　遠山はこの本の中で「原教科・原数学」といった言葉で「従来の教科教育の準備として」学習内容を押さえている。この「原教科・原数学」を含めた上での算数の内容を考えていく。

(2)　数学的な考え方を身につける

　通常学級における算数の目標は「数理的な処理のよさに気付き，進んで生活に生かそうと

する態度を育てる」(学習指導要領)ことである。それは「数学的な考え方を身につける」といいかえることができるだろう。

算数・数学の「法則性」を導いた経過を見ればそこに試行錯誤があり，自分なりの解決方法をそのつど提示していたのではないかと思う。その「自分なりの解決方法」は，たとえ障害が重くても生きている限り何か持ちえているのではないか，だとするならば，そこに働きかけていきながら「数学的な考え方を身につけていく」ことは可能であると考える。

(3) 認識を育てる

「頭を使う(思考する・試行錯誤する)」ことがその子どもの認識力をつけていくことだと考えている。算数・数学においてそうした「頭を使う」学習を保障することが大切で，そのための学習内容を作っていくことが求められる。

(4) 自力解決できる力・表現できる力

通常学級の算数の研究の中で，算数で育てたい力として①問題に直面したら既習事項を積極的に活用して自力解決できる，②解決したことを表現できる，の2点を挙げた(世田谷区立烏山小学校，平成17・18年度校内研究)。特別支援学級でも「自力解決」する力，「表現」する力の育成を目指す教科として考えることができよう。実際に教具を操作する活動でその子の思考過程を見ていくなど，「表現」を広くとらえながら，自分から問題(課題)に向かい，表現できる子を算数・数学の授業を通して育てることができるのではないかと考えている。

筆者の学級(つくし学級)では，以上のような課題意識を持ちながら，あくまでも実践(日々の授業)を通して算数の指導を考えてきた。後に示す「算数指導の系統性」は，まだ数の指導に限ったものであるが，実践の中で吟味され，現在も教材・教具を工夫しつつ改定されているものである。まず表5-1を見ていただきながら，その実践について以下説明したい。

3 算数指導の系統性について

つくし学級では，毎年実践をしながら系統性の表を見直している。年度によっては，子どもの実態からできない・やらないところもあるが，一つの目安として活用するとともに，新しい教材を作ったときにそれを加えている。

第5章　算数・数学の系統性と教材開発

表 5-1　算数指導の系統性（2007, つくし学級）

段階	ねらい	内　容	教材名
0	ある・ない	物の把握（ある・ない） まとまりとして物を押さえる 　あるもの→さわれる 　ないもの→さわれない	○こっちかな？（図 5-1）
1	未測量	生活の中で感覚的に，感性的に量を身体の中で感じる→言葉を添える ○大きい／小さい 　たくさん／少し	○おおきく　おおきく 　おおきくなあれ
2	選択	言葉を添えてくらべっこ ○どっちがいい？（2つの物から選択）	
3	なかまあつめ （集合）	物の弁別，マッチング 「なかまあつめ」 色や形 同じ（おんなじ）と見なす 集合の要素 「なかまはずれ」がわかる（分析と総合）	○みんなで　ぽん
4	1対1対応	○ぴったり，おんなじ ○多い，少ない ○足りない，余る 　足りる，ちょうど →「密着対応」から「視線対応」へ 　「量対量の対応」へ	○ノンタンのどがかわいたよ ○ネコのジュースやさん ○ひげじいさんをすくえ
5	3までの数	数との出会い ○タイルの活用 　2あつめ，1あつめ 数の四者関係（具体物，タイル，数字，数詞）	○3つかな？（まついのりこ） ○くるるんとビスケット 　　　　　　　　（図 5-2） ○くるるんとぺぺ（図 5-3）
6	0の世界	ない＝0 空間と位置関係	○くるるんのおへやさがし ○ぺちゃぺちゃくっちゅん 　（まついのりこ）
7	5までの数	○4あつめ ○5あつめ 数の操作 数の四者関係 5までの数の合成・分解 5までの足し算／引き算	○まいごのくるるん ○くるるんちゃんいらっしゃい ○がたんごとんがたんごとん ○のせてのせて（図 5-4）
8	5の固まり （5をつくる）	○合体・変身して強くなれ びんづめタイルとかんづめタイル 5を固まりとしてとらえる（5タイル） 具体物での5づくり・5あつめ 5までの階段づくり	○くるるんと5くるるんとりんご ○くるるん王子のおやつの時間 ○へんしんしてつよくなれ 　　　　　　　　（図 5-5）
9	10までの数	○5と1で6〜5と4で9 ○タイルの活用 数の操作 数の四者関係 10をまとまりとしてとらえる（10タイル）	○くるるんと5くるるんと10くるるんとりんご（図 5-6） ○くるるん王子をすくえ

47

		10までの数の合成・分解 10までの階段づくり ○お金の学習	○「はらぺこねこ―おかねへん・その1―」
10	足し算	「足す」イメージを持つ 10までの足し算	○れんけつれっしゃでがっちゃんこ！ ○たすマンとうじょう（図5-7） ○かえってきたたすマン
11	引き算	「引く」イメージを持つ 10までの引き算 足し算と引き算の関係	○ひーくまじょ（図5-8） ○ふしぎなつぼ（まついのりこ） ○ふたごのきょうだい
12	2桁の数	○位取り記数法（1のうち，10のうち） 数の四者関係 ○いろいろな具体物を数える ○100までの階段 ○お金の学習	○いくつかな？ ○10タイルのおうちにいれて ○「はらぺこねこ―おかねへん・その2―」
13	繰り上がりのある足し算	○1桁同士の足し算 ○2桁同士の足し算	○たすマンのちちとうじょう ○たすマンとこびとさんとしずくくん
14	3つの数の足し算	○和が10までの計算 ○和が10以上の計算	
15	繰り下がりのある引き算	○差が9までの計算 ○差が2桁の計算	○たすマンの母ひく子さん ○いじわるひーくまじょ
16	3つの数の引き算	○□－□－□＝□の式	
17	3桁の数（大きな数）	○位取り記数法（1のうち，10のうち，100のうち） 十進法の考え方 ○お金の学習	○大きな数 ○「わるねこ―おかねへん―」
18	かけ算	○「かけ算」のイメージ 一つあたりの量×数 かけ算九九	○おなじやちがうや（図5-9） ○いつつごのきょうだい 　　　　　　　　（図5-10） ○かけざん列車
19	割り算	○「割り算」のイメージ	

◎おおまかな順序であり，行きつ戻りつを大事にする。
◎数の指導のみの系統性として示した。
◎実践を行う中で修整していく。

（1）数以前の指導

① ある・ない〈0〉　　＊〈　〉内の数字は表5-1の段階欄に対応

　重度の障害のある子どもを対象に，0段階として「ある・ない」を設定した。（「ある・ない」についてはほとんどの子どもがクリアできているという前提で0段階とした。）実践として，「物があるのか，ないのか」という実践を行った。「こっちかな？」（図5-1）という教

材で，2つの家のうちどちらかに物（バナナやりんごなどの果物模型）を入れて「どっちに入っているか？」と問い，子どもがそれを選び取る学習である。

最初は目で見えるように中味を見せておいて，「ある方をとる」という指示を理解させ，徐々に中味を見せなくても入れるところを見て答えるようにしていく。ものごとを客観的に把握するためには，まずそのものが「ある」のか「ない」のかを意識することから始まる。もちろん障害の重い子どもを対象とした実践であるから，教材はその子に応じて考えることが必要である。

筆者の学級では「2つの家に果物模型」という提示であったが，「2つの引き出しにお気に入りの人形」でもいいし，子どもができるようになったならば2つを3つ，あるいは4つにしてみるなどのバリエーションをつけることもできるだろう。

② 未測量〈1〉

未測量とは，数値化しない段階の量のことをいう。

数量指導の基礎として，①大きい―小さい（大きさ），②長い―短い（長さ），③重い―軽い（重さ），④多い―少ない（液体の多さ）（個体の多さ），などの未測量を学習する。

例えば「大きい―小さい」というのは大きい魚と小さい魚を提示し「どっちが大きい？」などと聞き，大きい方を選択できるかということである。このときに注意したいのは，「大きい」「小さい」が固有名詞になっていないかということである。

今，A（大きい），B（中くらい），C（小さい）の3つの魚があるとしよう。AとBを比べたときにBは「小さい」が，BとCを比べたときに今度はBは「大きい」となるわけである。Bを固有名詞的に「大きい」と位置づけている子だとAとBを比べたときにもBは「大きい」といってしまったりする。

このような場合は，大きい・小さいが形として明確にわかるもの（画用紙いっぱいの大きさ・画用紙真ん中に1cm四方くらいの大きさ）をたくさん提示していく中で，「大きい」→大きいもの，「小さい」→小さいもの，という概念を育てていく。

「長い―短い」の概念もそうである。「重い―軽い」は実際に物を持たせてみて「重い―軽い」の概念を整理していく。高度になれば「小さいけれど重い」「大きいけれど軽い」といったことも大事である。

③ 選択〈2〉

「2つのものから選択する」学習である。2つのものを提示して「どっちがいい？」と「くらべっこ」する形である。

このときに未測量の「大きい―小さい」で選んだり，「ひとつのりんご」と「ふたつのりんご」から選んだりと「大きさ」や「量の多さ」に着目して選ぶ。

例えば好きな食べ物を「多い―少ない」で2つの皿に入れて「どっちがいい？」と聞いたときに多い方をとれれば，多い方を選択できていると押さえていく。

④ なかまあつめ（集合）〈3〉

物の弁別やマッチングを意図して「なかまあつめ」をする。色や形といった要素でも行う。その中で「同じ（おんなじ）と見なす」ことや「これは違う」と「なかまはずれ」がわかることが大事である。

例えば赤い傘と黄色い傘と青い傘は、傘というカテゴリーでは同じだが、色というカテゴリーでは同じではない。赤い傘と赤い車と赤い長靴では、形はそれぞれ違うが、色というカテゴリーでは同じである、などということである。

この数以前の指導は、単独で行うというよりも、算数の学習の中で、それを課題とする子がいるときに学習の中の一つの要素として入れていくことが多い。同じような段階の子だけで学習を組めることの方がまれであり、むしろ「足し算ができる子」から「1対1対応」がおぼつかない子までかなりの差がある中で学習することの方が現実には多いだろう。実際には次の「1対1対応」や「3までの数」といったところで、この「数以前の指導」を必要に応じて入れていくことが多い。

(2) 1対1対応〈4〉

「1対1対応」とは文字通り1つずつ対にして対応させていくことであるが、①組み合わせの対を作る、②大きさにかかわらず、1は1とみなす（ゾウでもアリでも1は1）、③並べ方や位置を変えても数は変わらない、④ぴったり、同じ、⑤多い、少ない、足りない、余る、などの観点がある。この5つの観点をすべて理解して1対1対応を行っていることはあまりない。また、対応するものを遠くに置いたり、隠してしまうことで、短期記憶やその数の量的イメージをはっきりさせるといったことも可能で、かなりの発達差のある子どもたちを教える際にも有効な課題である。

具体的には「おなかのすいた○○に食べ物を持ってきてあげよう」という課題が一番必然的である。（○○はイヌでもうさぎでも人形でもよい。より子どもが感情移入できるようなキャラクターがよい。）「1対1対応」の学習というと「ティーカップにスプーン」とか「花瓶に花」などのパターンが多いが、「おなかのすいた○○に食べ物を持ってきてあげよう」という課題は「おなかがすいている○○に食べ物をあげるんだ」という使命感や「いただきます。あーおいしかった」という形で成功したときの満足感や成就感を持ちやすい。また「ぼくの分がないじゃないか」と○○に怒らせることで、足りない、少ない、といった違いを意識をさせることができる。

例えば、うさぎににんじんを対応させていき、そのうさぎとにんじんが1対1に対応しているときに、うさぎとにんじんの数は「同数」であると意識できるのである。

数を理解する上で「1対1対応」の理解は大切である。操作活動をふんだんに取り入れることで、子どもに操作の喜びを実感させるとともに、1対1対応の理解を深めさせたい。

第5章 算数・数学の系統性と教材開発

(3) 3までの数〈5〉

「数との出会い」をどのように行うかということはとても大切なことである。筆者は「くるるん」というタイルの擬人化されたキャラクターを多く使用してきた。これは筆者のオリジナルではなく，東京の多摩地区の障害児学級の算数研究会が生み出し作ってきたものである。

「くるるんとビスケット」（図5-2）という教材で「1くるるん」「2くるるん」「3くるるん」と3つの数を登場させ，1個ずつビスケットを出していくことで3の数をはっきりさせていく。操作をする中で，先の「1対1対応」の学習も入ってくる。

「3くるるんにぴったりのビスケットを持ってこよう」と持ってこさせる。ビスケットだけでなく，様々な食べ物で確認し，3という量概念を作っていく。

また「くるるんとぺぺ」（図5-3）という教材で「3までの数の合成・分解」も行った。

3は「2と1」，「1と2」あるいは「1と1と1」という要素からなることを意識する。認識の高い子どもはこれが足し算であることに気づき「1＋2＝3」ということがわかったりする。まだそこに至らない子どもでも足し算の前段階として操作をたくさんさせていくことを大切にしている。

(4) 5までの数〈7〉

3という量概念がある程度できたところで，3以上の数について学習していく。3と4の違い，4と5の違い，5と6の違いなどがはっきりしない子どもがいる。操作活動を多く取り入れながら，3と4の違いを体感してもらう。「くるるん」に「食べ物」という対応関係で学習することの他に「列車」に「お客」という対応関係で学習することもある。「のせてのせて」（図5-4）などで5までの数を確実なものにしてきた。

(5) 5の固まり（5をつくる）〈8〉

5タイルを意識するために，「へんしんしてつよくなれ」（図5-5）という学習を行う。1くるるんが合体して2，3，4，5くるるんとなっていくが，それでは怪獣は倒せない。合体した5くるるんが変身して5タイルになることで怪獣を倒すことができる。「5タイル＝5くるるん」という押さえと，5タイルは1本でも5を表すことをしっかりイメージすることが必要である。これもストーリーを自分で実際に操作していくことで，イメージを作っていくことができた。5くるるんを5タイルに変身させるときに5タイルのさやに5つのくるるんがぴったり入ることも重要である。5くるるんなら「ぴったり入る」，4くるるんなら「足りない」といった「1対1対応」の要素が入ってくるからである。

(6) 10までの数 〈9〉

10までの数については，5タイルとの関連で学習していく。「くるるんと5くるるんと10くるるんとりんご」（図5-6）という教材で，1から10までのタイルの階段づくりをする。5くるるんになったら5タイルに変身させること（変身しないとぐらぐらして階段が作れない），6は5タイルと1くるるん，7は5タイルと2くるるん……というように5タイルを使って10までの数を扱えることを学習していく。そして10タイルを学習する。ここで，どうしても10まで数えてしまいがちであるから，5タイル＋5タイル＝10タイルということを意識させたい。

この階段づくりを10まで作ったあと100まで行う場合もある。

(7) 足し算 〈10〉

足し算のイメージは「ものが合わさること」である。そしてそこにはものがたくさんになる幸せ感があるといい。「たすマン」というキャラクターを使って，「がっちゃんこ」と合わせる活動を演出する。「たすマンとうじょう」（図5-7）という教材で，たすマンがもらったりんごを合わせて答えを出すというストーリーの中で○＋○＝○の足し算を学習していく。

(8) 引き算 〈11〉

引き算のイメージは「ものがとられてなくなること」である。足し算の持つ「幸せ感」と比べると引き算は「とられてしまう」という「不幸せ感」がある。「ひーくまじょ」（図5-8）という教材で，魔女がものをとってしまうというストーリーの中で○－○＝○の引き算の学習を進める。

(9) かけ算 〈18〉

かけ算は「おなじものをいくつか足し合わせていく」操作である。ものが3つ入っている袋が4つあれば「3＋3＋3＋3」これを「3×4」と示していく。まずは袋の中の数は同じでなければかけ算にできないことを押さえていく。「おなじやちがうや」（図5-9）や「いつつごのきょうだい」（図5-10）でかけ算の学習を行ってきた。

(10) 割り算 〈19〉

割り算は「ものをその人数分に分けていく」操作である。例えば18個のりんごを3人に分けるという操作は「18÷3」という数式になる。1人あたり6個であること，「6×3＝18」であることから，かけ算との関連で割り算を押さえていく。

第5章　算数・数学の系統性と教材開発

ここで示した教材は、それでなければいけないということではない。数指導のポイントさえ押さえてあれば、りんごがバナナでもいいし、うさぎがネコでもよい。ただし、その教材を使って子どもにどんな力をつけたいのか、ということはいつも意識する必要がある。

4　授業のポイント

算数の授業づくりのポイントとして大事にしてきた点を最後にここでまとめておく。

(1) 集団

授業は集団で行うことが多い。課題はそれぞれ違うからと個別の学習をやっていることがあるが、1つの教材をみんなで学習することで「みんなでわかっていく」を大事にしたい。筆者の学級では毎年30人近くの子どもの在籍があるので、6つのグループに分けて算数のグループ学習を実施している。そのときのグループ分けはいわゆる能力別・課題別という観点の他に子ども同士の相性や先生との相性、リーダー性などを加味して決めている。

(2) 操作活動

障害の重い子どもにとっては、操作活動をすることで、その子の思考を見ていくことができる。障害の軽い子どもにとっては、具体的なイメージを作ること、自分がやったことの確かめにもなる。足し算のプリントなど、計算はよくできる子がそのことを十分理解しているとは限らない。例えば「2＋3＝5」と答えられる子が具体的操作で「りんごを2個持ってきて、次に3個持ってきて。りんごは全部でいくつ？」などと問われてもわからないといったことがある。操作活動と「2＋3＝5」という数式が同じだということがわかることが重要であり、そうした意味でも操作活動を大事にしている。

(3) ストーリー性

教科書を作り、キャラクターを作り、ストーリーを作っていく。その世界を知り、その世界で遊ぶことで数の仕組みを理解していく。ストーリーを使うことはその物語の楽しさだけで終わってしまうのではないかという指摘も受けたことがある。しかし最初はストーリーだけを楽しんでいても徐々に、そこにある数の世界に入っていくケースをたくさん見てきた。数の理解を確かなものにするためにもストーリー性を持たせた授業づくりが大切であると考えている。

(4) 全体の流れと個別の学習

集団で行うことの大切さは前述したとおりだが、子どもたちに能力差・発達差のある中で、

すべてを同じにやることは問題がある。そこで，全体の流れは変えずにその中で個別のねらいを入れていくようにしている。例えば子どもによって扱う数を変えるとか，操作する回数を変えていくことなどが考えられる。

最後に習熟ということであるが，これは反復練習や継続した学習が必要である。宿題を出したり，個別に対応したプリントで学習したり，といったことが必要になるだろう。学習としては個別の学習の時間も必要になる。集団で行うグループ学習では，算数の課題の意味について獲得することを目的とし，その習熟については個別の学習などで獲得していくという形がよいのではないかと考えて，そのような形で実践している。

5　おわりに──算数をおもしろく──

世の中には数字があふれている。物の値段や指定席の番号，体重や身長といったものも数字である。人類は数を獲得することで文化を進めてきた歴史がある。数が世界で共通に使われ，そのことを通じて他者と関われるという側面において算数の世界はきわめて文化性の高いものといえる。算数の授業を作っていくときに，この文化的価値としての普遍性を大事にしたい。算数の学習が子どもにとって人類の文化を受け継いでいくものだという意識で授業を進めたい。

だからといって，四角張って苦しい，つまらない教科にしないようにもしたい。

算数という教科をおもしろい教科とできるかどうか，そこに指導者側の創意と工夫が求められている。操作活動を行うため，教材づくりは大変な作業かもしれない。しかし，子どもたちがこの教材を授業の中でどのように扱うかな，などと考えていると，教材を作っていても楽しい。また指導者が協力したり共同したりして行うことで，その作業は軽減できることもある。教育現場は相変わらず忙しいが，その中でもより豊かな授業実践を作っていきたいと思っている。

＊この算数の実践については，多くの同僚と共同して進めてきた。関わった担任の名前をここに記し，感謝したい。
横堀みずき，梅津憲正，浅山美恵子，高橋裕也，岩澤史子，高田佳恵，荒井久恵，門垣イツ子，福永和子，古林基子

参考文献
- 遠山啓編（1972）『歩きはじめの算数―ちえ遅れの子らの授業から』国土社
- 杉山敏夫（2004）『算数の授業をつくる―子どもたちと数のドラマの世界』群青社
- 高橋浩平（2002）「『わかる』ことにこだわる授業づくり―算数における学びをつくる」湯浅恭正・冨永光昭編著『障害児の教授学入門』コレール社

図 5-1 こっちかな？

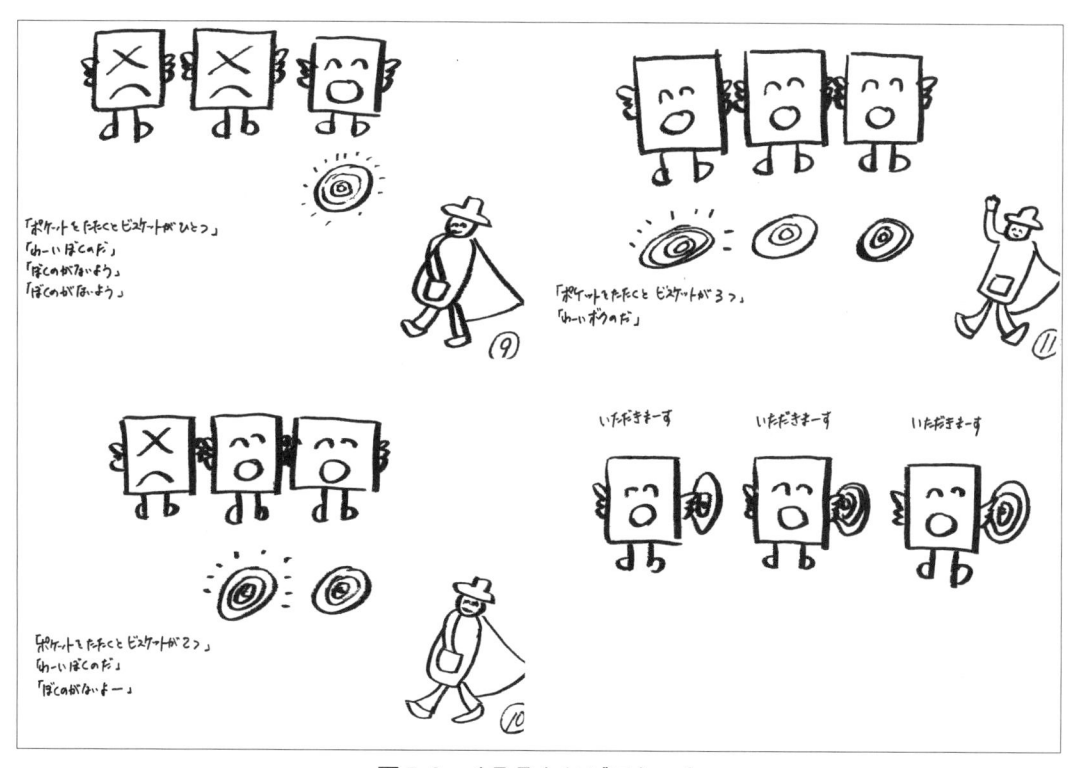

図 5-2 くるるんとビスケット

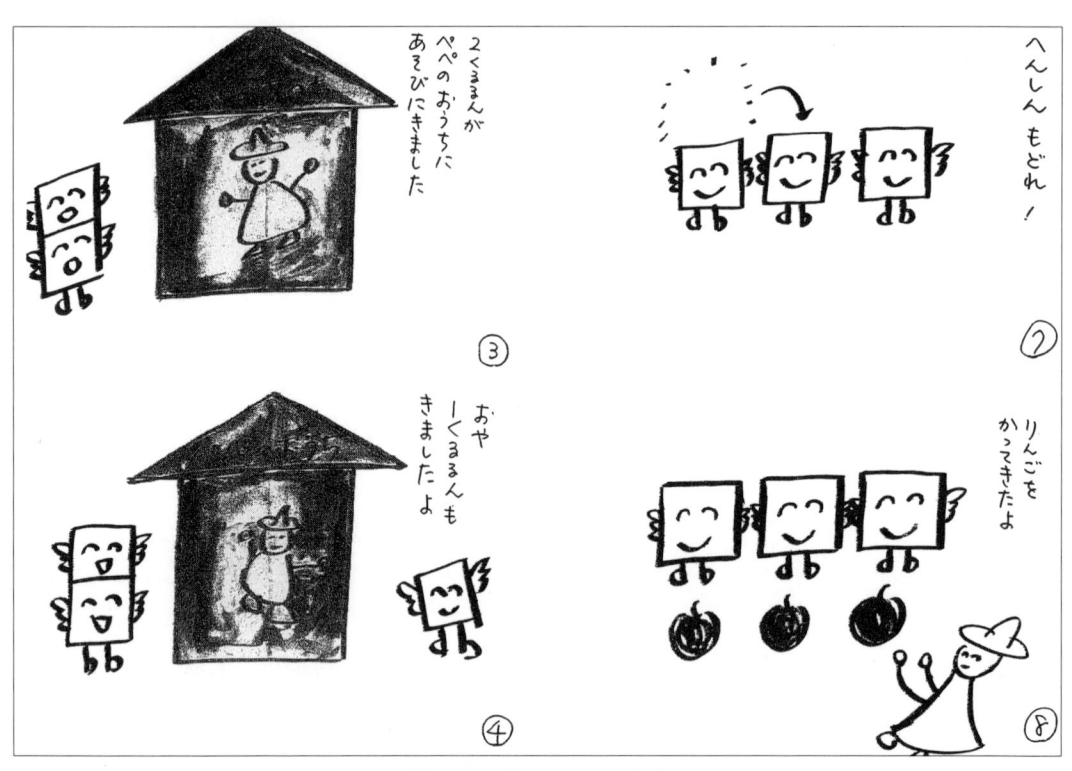

図5-3　くるるんとぺぺ

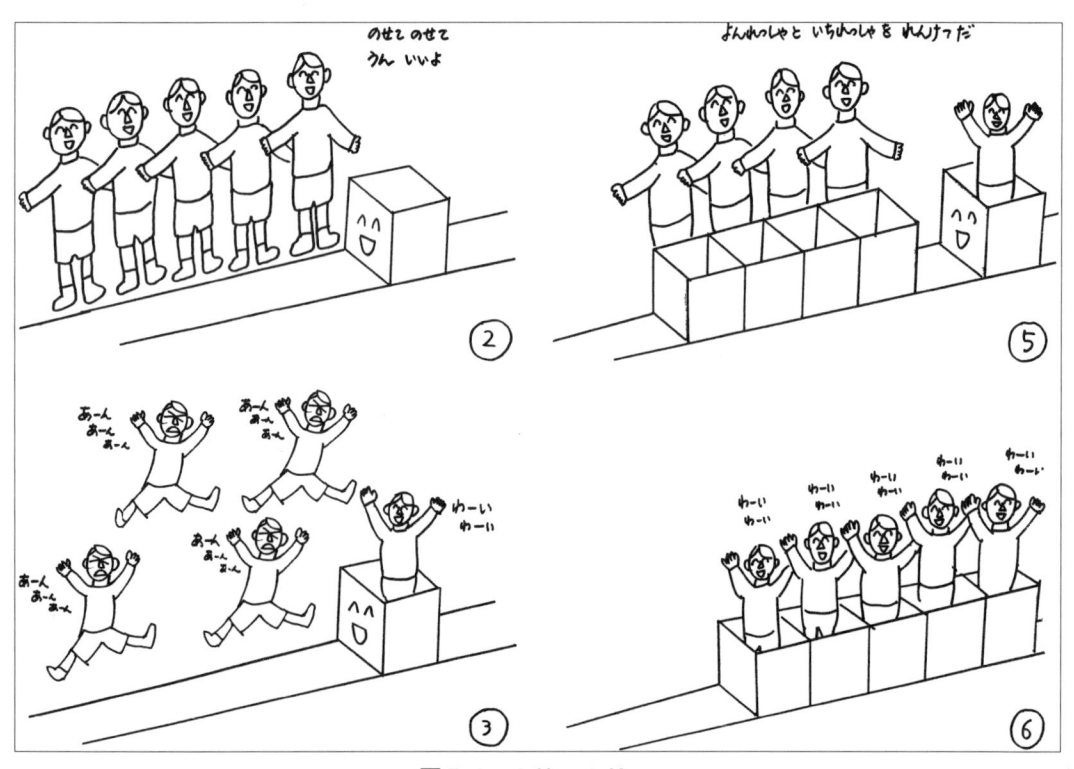

図5-4　のせてのせて

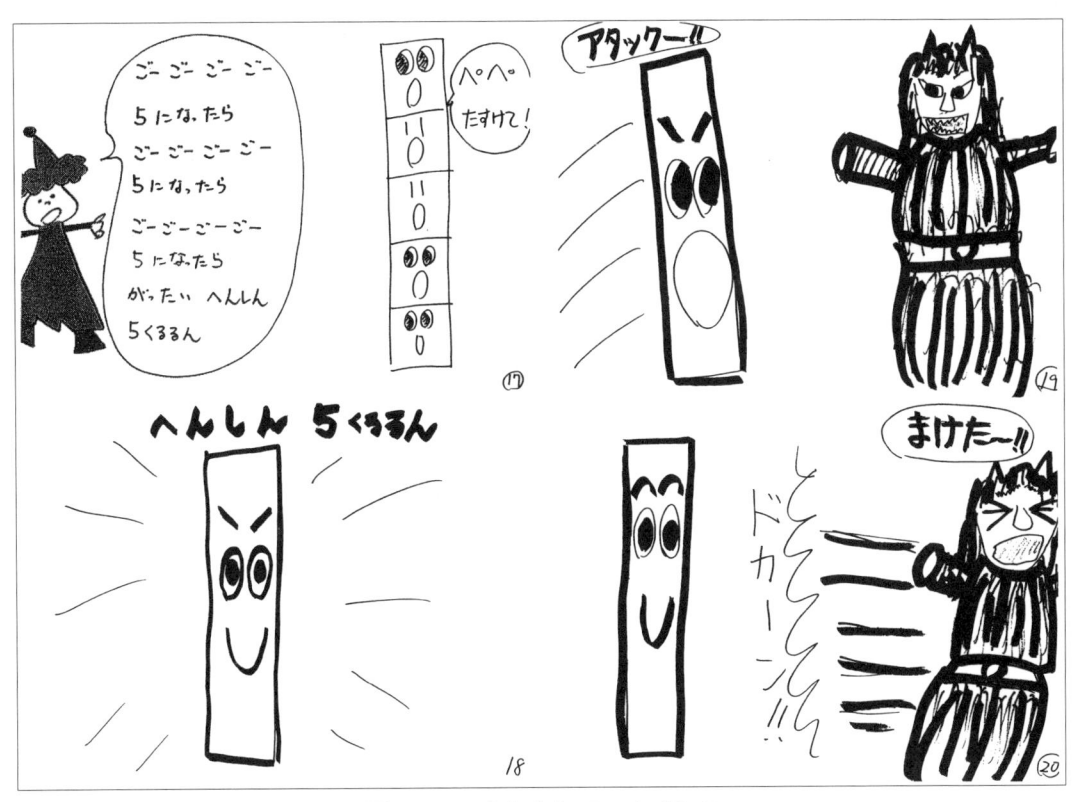

図5-5 へんしんしてつよくなれ

図5-6 くるるんと5くるるんと10くるるんとりんご

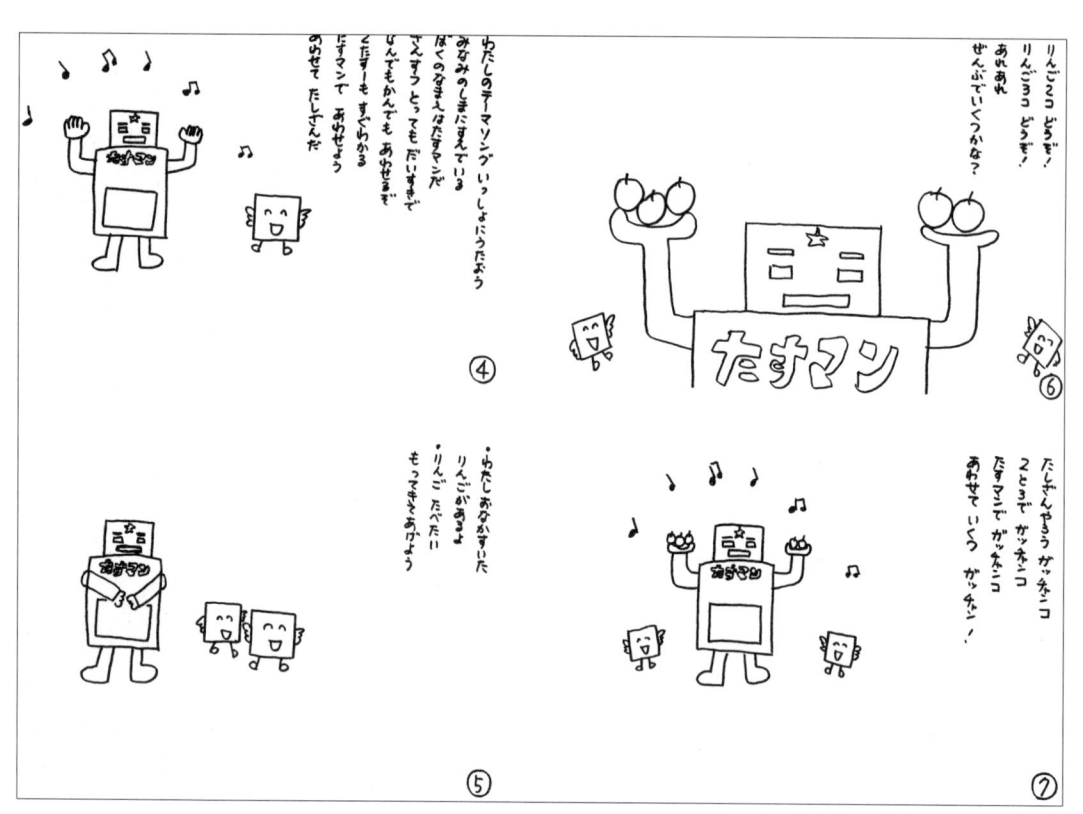

④
りんごはこどうぞ、
あれあれ
りんごはこどうぞ！
ぜんぶでいくつかな？

わたしのテーマソングいっしょにうたおう
みなみのしまにすんでいる
ぼくのなまえはたすマンだ
さんすうとってもだいすきで
たしざんでもかんでもあわせてごさんー
すぐしらべる
たすマンで あわせてたしさんだ

⑤
・わたしおなかすいた
　りんごがあるよ
・りんご たべたい
　もってきてあげよう

⑥
たすマン

⑦
たしざんやろう ガッチャンコ
2つきで ガッチャンコ
たすマンで ガッチャンコ
あわせて いくつ ガッチャン！

図5-7　たすマンとうじょう

とってやる とってやる
ひく ひく ひく ひく
とってやる

ひーくまじょが とったのは
3！
おお あたり．

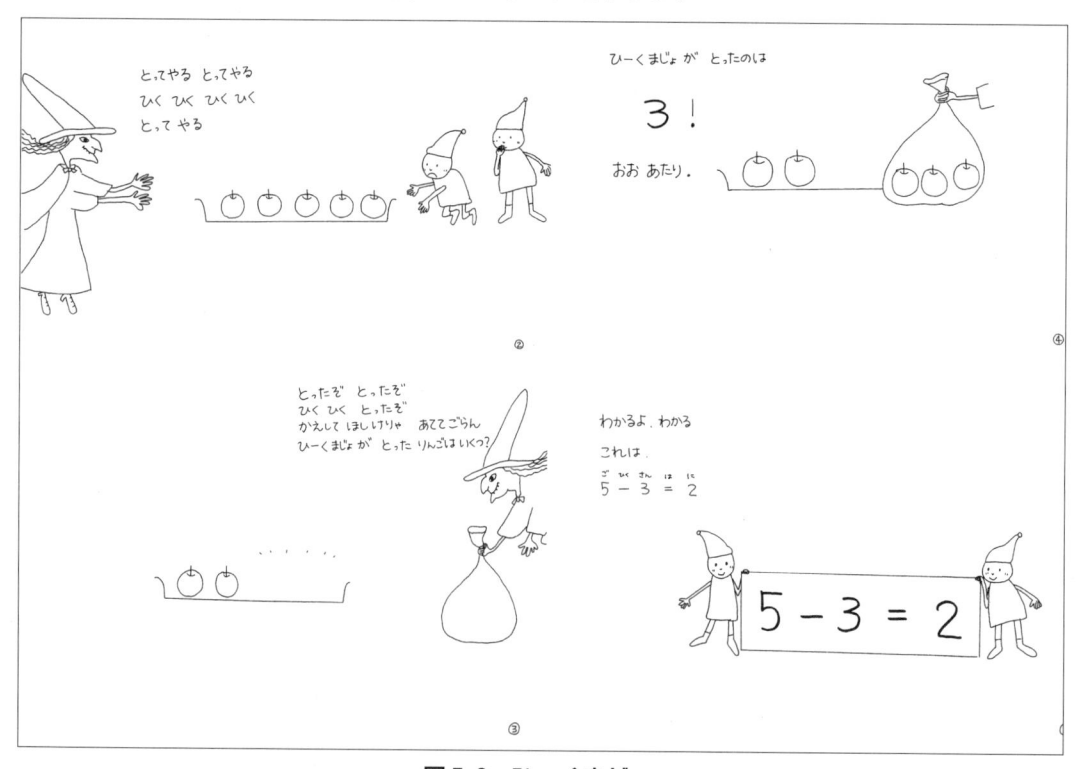

②

とったぞ とったぞ
ひく ひく とったぞ
かえして ほしけりゃ
あててごらん
ひーくまじょが とった りんごはいくつ？

③

わかるよ，わかる
これは．
ごひくさんは
5 － 3 ＝ 2

5 － 3 ＝ 2

④

図5-8　ひーくまじょ

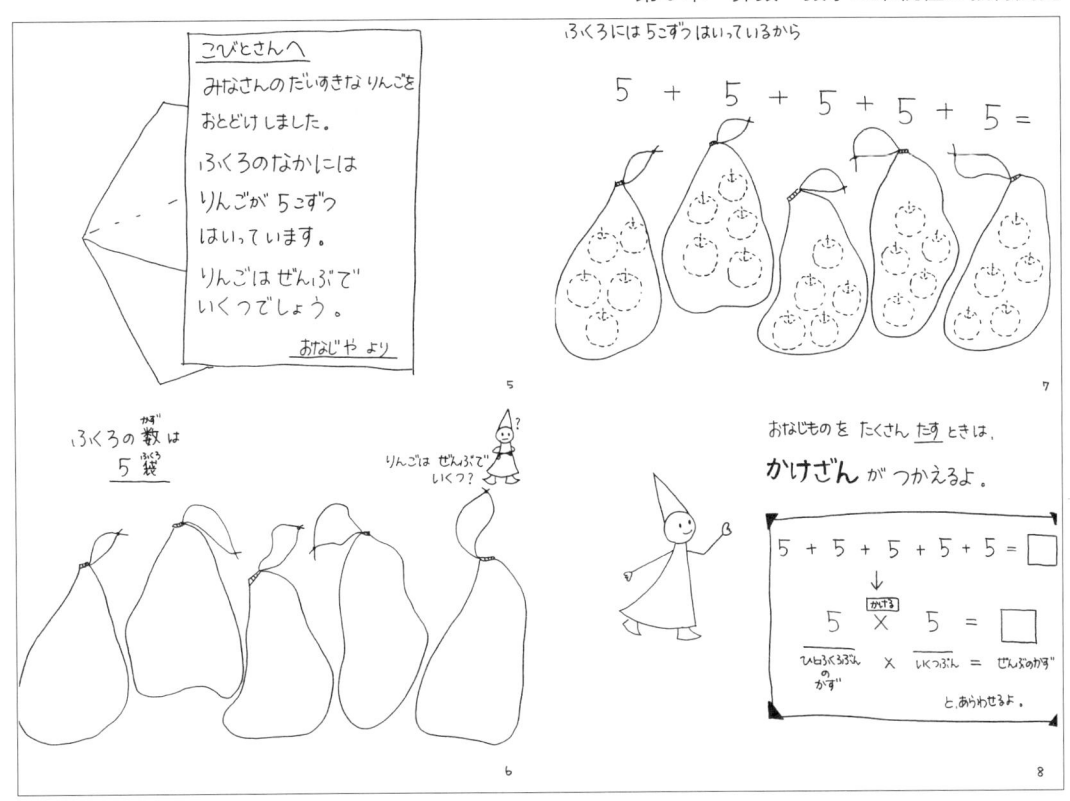

第5章　算数・数学の系統性と教材開発

図5-9　おなじやちがうや

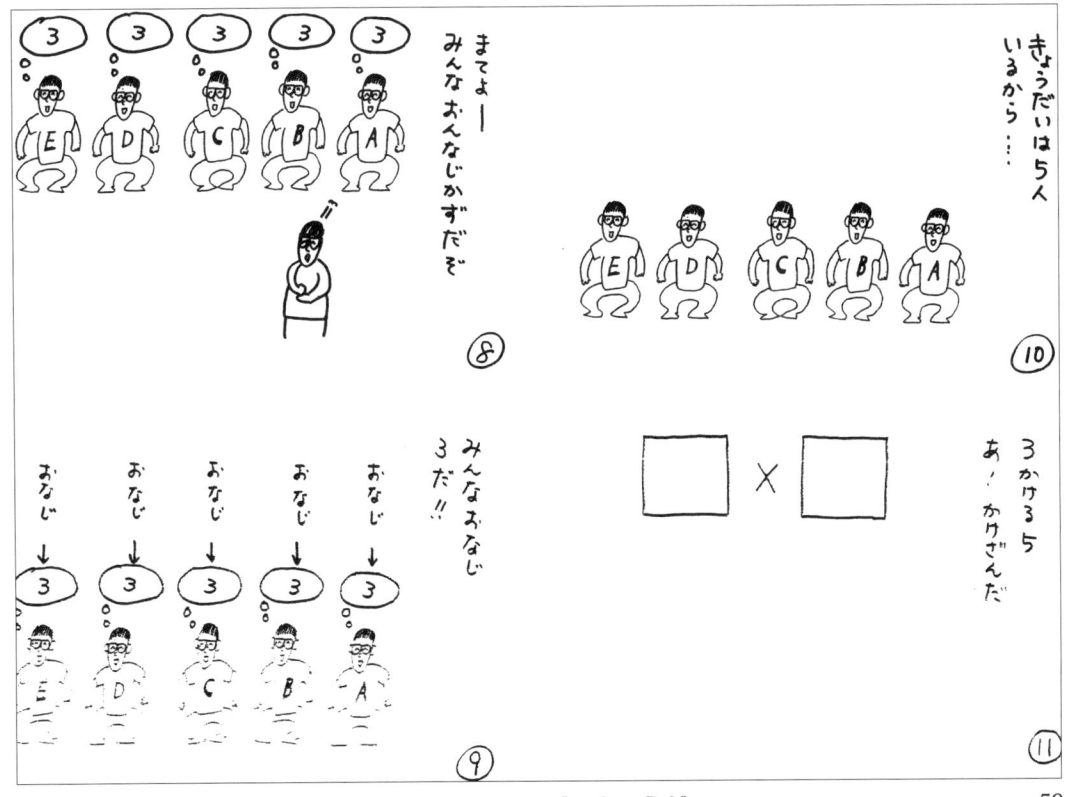

図5-10　いつつごのきょうだい

第6章
みんなで楽しむ音楽の授業

1 芸術性の高い楽曲をわかりやすく

　何らかの障害がある生徒たちを前にしたとき,「何をすればいいんだろう」「どんな歌を歌わせるの」「楽器はできるの」「音符や階名は」などと不安に感じるであろう。
　私も最初はそうであった。生徒たちに合った曲はなんだろうと考え選曲を始めた。春だから「チューリップ」「こいのぼり」と,小学校低学年や幼稚園で歌う曲が候補にあがり準備万端で授業に挑んだ。知っている歌だから大きな声で歌ったり,体を揺らしたりして表現してくれた。T・T(ティーム・ティーチング)の応援もあり私の特別支援学校中学部での最初の一歩は大成功だと思った。
　しかし,授業の帰りに軽度知的障害の中2Y君(中1より特別支援学校に入学)が「幼稚園みたいや。もう中学生なんで」と言ってきたのである。そのとき,私ははっとした。目の前にいる子はまぎれもない中学生なのである。
　「特別支援学校の音楽」「特別支援学級の音楽」の実態に目を向けてみよう。簡単な歌や曲を選んでいないだろうか。私のように,中学生に小学校低学年や幼稚園で歌うような曲を使用していないだろうか。「チューリップ」や「こいのぼり」等も,もちろん童謡としての価値はある。しかし,生徒たちのことを大事に考えると,生活年齢を考えた選曲が重要なのである。
　また,身体表現による音楽活動をしているのもよく見受けられる。身体表現をすることは,音楽の内容や雰囲気をつかむために大変有効である。「宇宙探検に出かけよう」等の音楽を使った身体表現の授業を振り返ると,音楽に合わせた表現の工夫をしようとするのであるが,幼稚であったり十分に表現しきれないまま終わってしまったりして,中学生としての芸術的な表現とはほど遠いものになってしまった。そして体育的リトミック(創作自由ダンス)になってしまい,音楽が主ではなくなっていることもあった。
　音楽科は感性を育てる教科である。表現(歌唱・器楽・身体)・鑑賞・創作において音楽の芸術性が高く,子どもの心に響く教材の選択が必要である。芸術的に優れた楽曲を使用し,わかりやすく指導することで感性が育ち,生涯にわたって音楽を愛好する力の基礎が定着していくと考える。中学生が使用する教科書を見てみると,中学校3年間の感性の育成に必要な教材が選択されている。障害がある子どもたちにも人間形成上,重要な教材であるともい

えるであろう。

そこで，特別支援学校中学部に勤務した7年間に実施した授業を振り返り，中学校の教科書に載っている教材をどのように使用したかを紹介しよう。

2　曲想を大切にする（歌唱）

「人前では嫌でも一人っきりなら思いっきり歌うことができる」「大きな声を出して歌うことは気持ちがいいなあ」私たちもカラオケで大きな声で歌いきると達成感もあり，気持ちがいいなあと感じると思う。そこが大きな間違いであった。ピアノを弾きながらオペラ歌手のように歌いあげると，耳をふさぐ生徒，席を立ち逃げるように狭い隙間に座り込む生徒等，音に対する刺激が強すぎることがあることを知った。また，喋ることが困難であったり場面かん黙があったりと，歌唱することにも難しさを感じた。そこで，曲の持つイメージを大切にする工夫やまわりの友だちの歌を聞いているだけでいいよという気持ちで，取り組むことにした。

⑴　「夏の思い出」（大掛かりな風景セットの活用）

①　準備物

尾瀬の映像（壁一面に映写），「夏の思い出」CD，水芭蕉の造花，浮島の作り物，通路用のスノコ板（長め），夏のイメージ画（かき氷，海，プール，花火等）

②　学習内容

まずは夏のイメージづくりをする。「夏といえば」の問いかけで夏を連想することを発表させ，イメージ画を描かせる。描くことができない生徒には，写真や教師が描いたイメージ画で夏をイメージさせる。（四季を意識づけるため，4月には「花」で春をイメージしている。次は夏に向かうんだということを理解させるために行っている。）

夏の気持ちがスタンバイできたところで，尾瀬の紹介をする。どんなところなのかをDVDで鑑賞する。歌詞に出てくる水芭蕉，浮島等を静止画で必ず見せておく。そして歌唱練習と並行して尾瀬のグッズづくりをする。

- 水芭蕉──画用紙を使って手のひら程の花を作る。床に立つように軸の部分を丸い板等に貼り付けておく。
- 浮島──ベランダに敷くようなグリーンの芝生風のマットに画用紙で作った草を立て，浮島に見立てる。

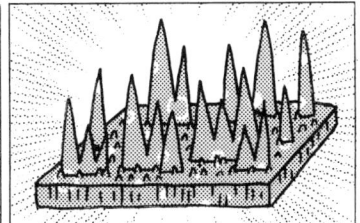

水芭蕉　　浮島

グッズができたところで教室を尾瀬の雰囲気に設定していく。バックスクリーン（できれば背面の壁一面を利用）に尾瀬の風景を映写する。床にブルーシートを敷き，水辺の感じをだす。遊歩道のかわりに，スノコ板を数枚置く。水芭蕉の花や浮島をセットし完成である。

生徒のイメージづくりの活動として，水芭蕉の花を遊歩道（スノコ板）から置くことで，水辺を意識させる。（スノコ板のまわりに水を少し撒き，手が濡れる感じを体験させる。）

すべてが完成したら，セットの中で尾瀬の雰囲気に包まれながらCDに合わせて歌唱する。その余韻を持ちながら授業を終わらせてほしい。

このように教材のイメージにあった場面に教室を近づけることで，生徒は雰囲気や内容をより確実に理解できるのである。国語の詩のイメージづくり（例・冬の山の詩で，白の布を利用し雪山を表現し寒さを思い出させたり，寒いときにとる姿勢や白い息，寒さを表現する言葉を引き出させたりする手立てとして大変有効であった）や生活単元学習（例・校外学習で行く遊園地の乗り物や公共交通機関の改札，ファーストフードを再現することで実際の活動に結びついていた）でも大掛かりな風景セットは活用ができる。準備は大変であるが，いろいろな教科領域で試みていただきたい。

(2) 「サンタルチア」（言葉の抑揚や発音の面白さの経験）

① 準備物

原語の歌詞カード，オーケストラの演奏と歌唱のCD，世界地図（大），イタリアの特産物や観光地などの写真

② 学習内容

イタリアの国を知ることを導入とした。イタリアンレストランの食事を思い出させる。イメージがわかない生徒のために，パスタ，ピザ，オレンジを用意し「見る・嗅ぐ・触れる・食する」ことで，イタリアの代表的な食べ物を確認した。また，風景の画像をたくさん見せ，地中海の色や風を連想していく。イタリアへの興味が十分高まったところで，オペラ歌手が歌う「サンタルチア」のDVDを鑑賞する。このときに，ベル・カント唱法の真似をして発生練習をすると，しっかりとした歌声になってきたように思われた。

教科書のカタカナのフリガナがついた歌詞をフレーズごとに，歌いながら練習していくと，正しい発音はさておき，「ベントウ」や「ルッチカ」等の日本語に近い言葉や跳ねるような

リズムのある言葉をまず覚える。そしてベをヴになるように唇を噛んだり，ルを巻き舌にしたりすることで楽しんで発音しだした。最初はこの部分だけを自信を持って大きな声で歌っていたが，何度も学習することで歌詞をすべて覚え歌えるようになってきた。イタリア語の抑揚や発音の仕方（唇を噛む，巻き舌）の面白さや楽しさが興味を高め，覚えたいという意欲に結びついたのではないだろうか。また，毎年歌いついでいくことで中学部の歌のようになってきた。

同じようにベートーヴェンの「歓喜の歌」にも取り組んだ。オーケストラの「第九」第4楽章の演奏に合わせて歌うことで，合唱団に入って歌っているような気持ちになっている生徒もいた。中学生が取り組む混声合唱の雰囲気を味わわせることができたのである。比較的障害の軽い生徒にとって外国の言葉で歌うことは，ある意味自慢のような自信となりえるのである。

授業を進めていくと，保護者から「中学校や高校のときに学習した歌だから知っている。家庭で一緒に歌った」「兄弟が今習っている内容と一緒だから，中学生として胸がはれる」「外国の言葉を使うなんて思ってなかった。すごい。素晴らしい」などの反響があった。このような生徒の発信に対する賞賛と学習したことを共有することが，次のステップへの意欲に結びついていくのである。また，学習を重ねていくと，重度の障害がある生徒の保護者より「年末のコマーシャルで第九のメロディが流れると，あーあーと教えてくれる」「歓喜の歌のCDを聴かせると落ち着いてくる」等の，学習に対する反響がたくさんあった。

本物の音楽は，重度の障害がある生徒の心にも響くものなのである。難しいからあきらめようではなく，何よりもチャレンジさせることが大切であり，それがいろいろなジャンルの音楽への興味に必ず結びつくと信じる。

3　生徒の個性に合った合奏を（器楽）

中学校より特別支援学校に転勤した年，合奏で地区の教育文化祭に出ようと，合奏に取り組んだ。「中学部でできるの？」「17名で音楽ホールのステージで演奏できるの？」等のいろいろなご意見をいただいた。確かに，たくさんの楽器とそれぞれ違うパート（楽譜）を練習しなくてはならない。その上，指導の教師と時間は限られている。しかし，生徒たちの可能性を信じ合奏に取り組んだ。（当時の生徒の中には，ショパンやベートーヴェンのピアノ曲を弾く生徒や鉄琴のコード演奏をバチの角度で覚える生徒等，楽器演奏が好きな生徒が何人かいたことも幸いした。）

ここでは，どのような楽器を使用しどのように活用していったのかを紹介する。それを参考にしていろいろと試し，指導者の想いや生徒の個性に合った合奏や編曲のスタイルを確立していただきたい。

(1) 「越天楽」ベル合奏（日本特有の旋律や和音，間を感じ取る）

① 準備物

ミュージックベル（旋律に使用），トーンチャイム（和音に使用），箏2台，キーボード，大太鼓，小太鼓，鉦（しょう），ウィンドチャイム，カラーシール

② 学習内容

鑑賞曲として取り上げられている「越天楽」であるが，旋律を確実に把握し，日本特有の和音感や間を体験するために合奏をすることにした。それでは，楽曲中の各楽器の扱いについて簡単に説明しよう。

- ミュージックベル──篳篥（ひちりき）のパート（はっきりとした発音と，音色の工夫ができる。）

※旋律の演奏パートである。一人が1音～2音担当する。リーダーを決め自主的なグループ活動もできる。自主的にグループ練習ができるよう旋律を演奏したテープに合わせて練習することで，短時間で旋律の把握と正しいタイミングを体得させることができた。

- トーンチャイム──笙（しょう）のパート（柔らかい音色と響く時間が長いので和音を作るのに適している。アタック（打点またはたたくマレットの動き）に力強さがなく音の立ち上がりが弱いので旋律に使うには，インパクトが弱いように思える。）

- キーボード──笙のパート（トーンチャイムの和音を補うパートとして使用する。音色は少しでも笙に近い音を選択する。音量は控えめに。）

※笙のパートは不協和音になるようにし，重度の障害がある生徒が感性のまま演奏しても違和感がないようにする。キーボードでは1音ずつ担当させ，指先と鍵盤にカラーシールを貼り1対1対応のようにすると演奏が可能であった。

- 箏（2台使用）──分散和音を担当（1台で2つの和音を弾く。左手の奏法は省き，順番に弾くと分散和音になるよう調弦しておく。）

- 打楽器類──楽太鼓は大太鼓（バチは玉の大きなものを使う。柔らかく深い音がでるようにタオルを巻いてもOK。）
  鞨鼓（かっこ）は響き線をはずした小太鼓（竹のような細いスティックで叩く。）

※合奏の基本である縦の線を合わせるために，ブレス（息を吸う）を意識させる。また，日本音楽特有の間を感じるためにもブレスは大切である。間のときは静寂が基本であるが，障害の特性を考えた指導をお願いしたい。

> 取り組んだ合奏曲名
> ・ダッタン人のおどり・君をのせて・夢路にて・エーデルワイス・風の通り道，等

合奏で常に心がけていることは，打楽器は最少人数に編曲するということである。小学校の合奏発表会を聴きに行くと，打楽器に10人も20人も配置している団体をよく見かける。指

導の先生に理由を聞くと，楽器が苦手な子どもが打楽器にまわっているとのこと。大人数の打楽器が一斉に演奏しだすと，バランスが崩れ心地よい合奏とはいえない状態になってしまうので注意する必要がある。

(2) 和太鼓の合奏（和楽器への挑戦）

① 準備物

5種類の太鼓（やぐら太鼓，締太鼓，大太鼓，テナードラム等，音の高さが違うものを組み合わせる）

② 学習内容

基本のベースパターンとして四分音符を大太鼓が担当し，あとの4つのパートが2小節の簡単なリズムパターンを演奏するのである。このリズムパターンを2回繰り返し4小節のフレーズにすることで，小さなフレーズパターンのできあがりである。

演奏例としては，最初に低音楽器（ベースになる音）から1フレーズずつ演奏して他の楽器（パート）を重ねていく。そして全員一緒に1回目はメッゾフォルテ，2回目はピアノ，3回目はフォルティッシモで演奏する。このような演奏パターンをいくつか練習しておき，組み合わせることで打楽器アンサンブルとして完成するのである。4小節くらいの終わりのパターンを決めておくと，生徒も終わりを意識できるであろう。いろいろな強弱や繰り返し等を工夫できる教材であり，自分たちの音楽を作り上げることが可能である。また，形や振りを考えることで，パフォーマンス集団のような発表が可能である。

〔楽譜例〕

（簡単なリズムの繰り返しと組み合わせ）　　　（終わりのパターン）

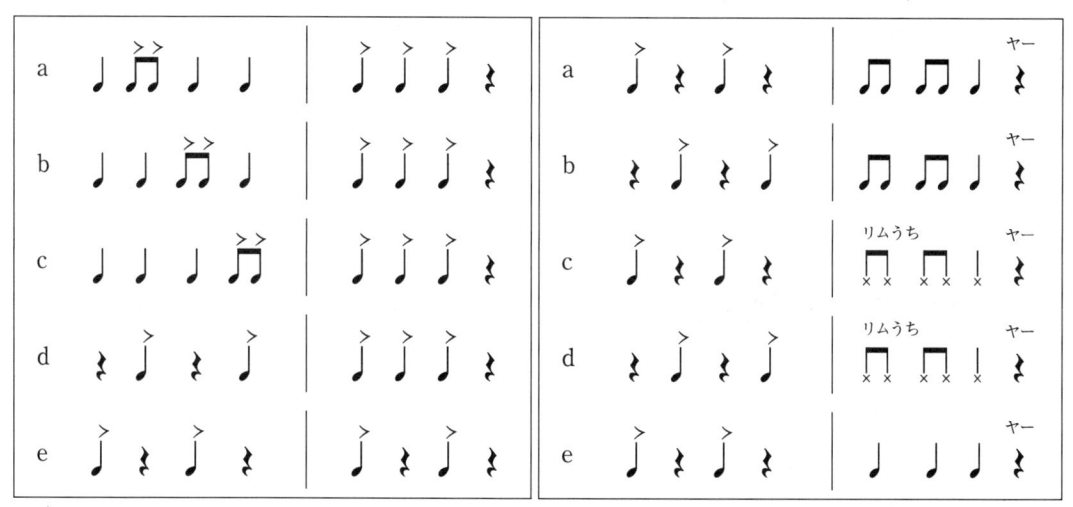

昨今の和太鼓ブームには目を見張るものがある。学校のクラブや部活動，自治会の子ども会で取り組んでいるところも多くある。もちろん特別支援学校等にも導入されている。郷土

芸能としての太鼓グループから現代音楽やパフォーマンス集団のようなグループまで，様々な活動をしている。

　ある音楽教育研究会の場で，「太鼓の撥の構え方や体の形，動きの練習に朝から夜まで集中して取り組んでいる」という発表があった。「すごい。そこまで突き詰めることが素晴らしい」等の賞賛の意見がでた。

　全員の撥さばきや動きがきちんと揃うと，人の気持ちを釘付けにするほどの感動を与えることができる。手の上げ方，角度，パフォーマンスの仕方等徹底して教え込まれているのである。芸能音楽，パフォーマンス集団としての完成度は相当高いものに仕上がっているとは思うが，あまりにも形にとらわれ過ぎていないだろうか。

　決してこのような活動を否定しているのではない。音楽は，楽しむものから競い合うものまで様々だからである。学校で行われる音楽教育として考えると，その両方がバランスよく取り入れられたものが望まれているのではないだろうか。

(3) 音楽の教師にとっても，苦手分野である邦楽（和楽器の体験学習を含む）

　民謡に関しては体育科や美術科と手を組み，地域の民謡の表現活動に取り組むとスムーズに行うことができた。「○○学校ねぶた」では，美術科で山車を作り，体育科で踊り，音楽科ではお囃子のリズム合奏に取り組んだ。いろいろな教科で一つのものを作り上げることで，各分野がより専門的になり，質の高いものになった。また，地域の郷土芸能を体験する活動として，神社に奉納する獅子舞に取り組んだ。美術科で獅子頭，家庭科で胴の部分であるユタン（若武者等が書かれた布），体育科で動き，音楽科では太鼓や鉦の演奏を担当した。このような活動は文化祭や体育祭に向けて取り組んだものであり，みんなの前で発表するという自己実現の場を最後に設定している。その他にも「こんぴら船々」「よさこい踊り」「エイサー」なども楽しく活動できた。

　地域の人材（ボランティアティーチャー）を活用するのも効果的であった。学校の周りにはその道の専門家がいるはずだ。教師も学校の外に目を向けて地域に飛び込んでいくことも大切だと思う。

4　音楽をより深く自分のものにする（鑑賞）

　鑑賞の授業は曲を聞かせて，感想やイメージ画を描かすだけでいいのだろうか。文章が得意な生徒はすらすらと教師が求めるような感想を書く。絵が得意な生徒は，音楽の場面を説明した解説文を読むだけで素晴らしい描写ができる。

　では，どちらも苦手な生徒はどうだろう。きっと心で感じ，感動しているが上手く表出できないと感じているのではないだろうか。もっと生徒が，理解したり感じたりするための手

第6章　みんなで楽しむ音楽の授業

立て（活動）や表出の仕方はないのだろうか。これは中学校で指導していたころから悩み考えていたことである。

ここで紹介するのは，生徒の動きが見える鑑賞授業（ただ鑑賞するだけでなく，音楽を身体表現したり，物語を創作したりして音楽をより深く自分のものにしていく活動）を目指して，先生の実演や生徒の表現活動を含めた取り組みである。

(1) 「魔王」（登場人物の気持ちの表現）

① 準備物
お祭りで売っているようなお面（同じ顔のお面に着色をし，やさしい感じと怖い感じを表現），黒いマント，ドラマ版CD，各場面のイラスト画等

② 学習内容
物語をわかりやすくするために，短い劇のように再編し教師が演じる。歌詞が難しいようならわかりやすい言葉に台詞を変えるとよい。（生徒に演じさせるのも効果的である。）時間があまりとれないときは，魔王の変容を取り上げ，やさしく誘う様子と，ジタバタしてもさらっていくぞという怖い様子を，お面を使って演じるだけでも雰囲気は十分伝わるものである。ラジオドラマのように効果音がついたCDを流しながら劇を演じるのもいいだろう。また，教師が演じる場合は生徒が見ているだけにならないよう，生徒が魔王の娘や坊やの役になりながら進めていくようにしてほしい。

やさしい

怖い

時間が十分とれるようなら，お椀を使い馬が走っている様子を表すことをお勧めする。ピアノ伴奏が馬の走っているところや風の音を表現していることを，生徒が意識して鑑賞できるようにするためである。

(2) 「モルダウ」（場面の把握）

① 準備物
真ん中に岩の絵を描いた薄い水色の模造紙（黒板いっぱいくらいの大きさ），油性ペン（青，水色），絵の具（青，水色，白），モルダウのCD，各場面のイラスト画や写真等

② 学習内容
まずは一つの川が生まれ大河となって他国へ流れ去るまでの各場面を絵にして見せることで，ストーリーを把握させる。そして一つの場面の絵を未完成にしておき，生徒たちの手で完成させるのである。

いろいろな場面があるが，生徒たちが比較的表現しやすい急流の場面を取り上げるとよい。

急流の流れは，するどい線で表すことができるので，重度の障害がある生徒も活動しやすいからである。

急流の場面の音楽を聴きながら岩にぶつかる水しぶきや流れを自分の感じるまま描かすことで，場面の把握と曲との合致を感じさせることができる。曲から受けるインスピレーションを豊かに表現するために，いろいろな素材（油性ペンや絵の具，太さの違い，ペンや筆の硬さの違い等）を生徒が選べるように準備しておくことが重要である。

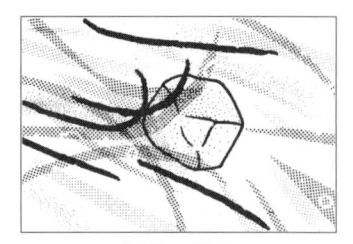

急流の場面

他の場面でも参加型の学習は考えられる。

民族の誇りを歌い上げた曲ではあるが，ここでは描写音楽のように扱っているので，川の流れを表現することを中心に考えてほしい。

(3) 鑑賞の仕方の指導

「クラシックが大好き。どんなふうに聴いたらいいの」とある生徒より質問があった。そこで聴き方のポイントをおさえた授業を行った。ベートーヴェンの第五番「運命」では，動機のリズム（ 7♪♪♪ 」）を手拍子などで何度も練習してから鑑賞する。冒頭の数分を聞かせ動機のリズムが聞こえたら札を上げる。これは楽曲分析をしながら鑑賞する方法の，第一歩である。動機のリズムがどんどん変化していくことに気をつけながら聴ける生徒も出てきた。家庭でスコアを見ながら余暇の時間を過ごしているという保護者からの連絡もあった。いろいろな鑑賞の仕方を指導することはとても大切であると実感した。

5　自分たちの楽譜を作る（創作）

いわゆるサウンドスケープの授業である。自分たちの音づくりと自分たちの楽譜づくりを通して，創作する楽しさと音楽の基本を学ぶことができる教材である。

「海物語」

① 準備物

背景画（高さを違えた大きい波や小さい波，かもめ，船等を書いておく），ペーパーサーブ（コーラのびん），大きめの箱（中に豆を入れる）等

② 学習内容

- 音づくり──船（びんに息を吹き込み音を出す。汽笛），さわやかな風（ウィンドチャイム），波（大きな箱に豆を入れたもの。左右に揺らしたり高さを変えたりして音を出す），魚の泡（水をストローで軽く吹く），かもめ（鳥笛），雷（シ

第6章　みんなで楽しむ音楽の授業

ンバル），大雨（うちわに紐をつけた豆を数粒つるし揺らして音を出す）等
- ストーリーづくり

コーラのびんに手紙を入れて海に流す。どんな手紙を書くのか，どこまで流れていってほしいのか，無事に着いてほしい等の想像を十分にふくらませてほしい。びんはゆったりと流れたり嵐にあったりしながら，小さな島に流れ着く。
- 自分たちの楽譜づくり

基になるストーリーがわかる絵を生徒たちと作っておく。楽譜の代わりになるものである。楽譜と同じように左から右に物語が進行していく。そして音楽の進行役（指揮）が，コーラの瓶（ペーパーサーブ）である。投げ込まれたコーラのびんが通り過ぎるところでそれぞれが担当した音を出すのである。

6　おわりに

特別支援学校での授業のほとんどは，T・Tで行われている。教師の中にはピアノが上手，歌が得意，絵が得意，生徒の気持ちを代弁してくれる，少しの表情を見逃さない等，とても心強い方がたくさんいる。そんな宝のような力を利用しない手はないと常々思っている。一人では指導にも限界がある。仲間と協力することで何倍もの効果が期待できることは間違いない。そのためには，日頃から教師間のコミュニケーションを大切にすることが重要である。生徒も教師も「一人はみんなのために，みんなは一人のために」である。

中学校や中学部では，集団活動を重視している学校が多い。音楽科では合唱や合奏が集団活動である。合唱や合奏は一人ではできないし，みんなで活動するから楽しいのである。苦手な分野をお互いがカバーできることも利点であろう。そのような活動の中で，協力しお互いを認め合える人間関係を築くことができるのである。一つのものをみんなで作り上げる充実感や，やり遂げたときの達成感を味わえるし，発表などで自己実現できる教科が音楽科なのである。中学生と同様に障害がある生徒たちも，いろいろなことを知りたい，やってみたい，がんばりたい，認められたいと思っている。それに応えなくてはならないのが我々教師なのである。この，がんばりをみんなに認めてもらう自己実現の場を設定することは，目標→練習→発表（自己実現）→評価→目標のサイクルが確立でき，取り組みの質が高まってい

くと考えている。

　発表（自己実現）の場の一つとして，演奏会やコンテストにチャレンジするのはどうだろう。障害がある人たちが集まる演奏会で発表したり，中学校部門のコンテストで中学生と肩を並べて演奏したりすることも十分考えられる。学校内の表現活動だけでなく，どんどん外に発信してほしい。

> 特別支援学校の生徒たちとチャレンジした音楽会やコンテスト
> ・市や郡，町の教育文化祭・ミュージックベルコンテスト・全国学校合奏コンクール
> ・こども音楽コンクール・県中学生作曲コンクール等

それぞれのコンクールで入賞できたのは，生徒の純粋な心で表現した音楽が，人々の心の琴線を響かせたに違いないからと思っている。

　最後に音楽活動の記録を録画や録音で残しておくことをお奨めする。CDやDVDにすることで生徒たちの記念になると同時に，指導者が振り返ることができるからである。音楽は消えてしまい後が残らない芸術である。ぜひとも生徒たちとの軌跡を残してほしい。

　長い教師生活で音楽を担当することが幾度かあると思う。常に芸術教科「音楽」を指導しているという心がまえで取り組んでほしい。しかし，肩肘を張らず音楽を共に楽しむことは忘れずに。

第7章
生活を豊かにする生活単元学習の展開

1 主体的に活動する生活単元学習

　子どもたちの将来を思うとき，必ずあるだろう多少の困難にもくじけず，自分なりに考え，前向きに解決しながら生き生きと生活してほしいと願っている。それは，日々の生活の中で，自分の力で課題を解決する経験の積み重ねによって身についていく姿勢だと思われる。生活単元学習は，生活上の課題を達成するために子どもたちと教師とがいっしょに取り組む学習であり，まさに主体的に生活する力を培うものだと考える。子どもたちの生活に根ざした適切な単元を設定し，主体的に活動するための内容や手立てを考えて取り組まなければならないと思う。

　ここでは，特別支援学校小学部低学年の実践について述べる。まだ学校生活の経験も浅く，やってもらうことに慣れている面があるため，教師にいろいろな場面で一つ一つ教えられながら，自分からやろうとする姿勢を育んでいる子どもたちである。

2 単元「学習発表会」の授業展開

(1) 小学部「学習発表会」の概要

　2005(平成17)年の学習発表会で，小学部は昔話「おむすびころりん」をアレンジしたお話を行うことになった。
　"むかしむかし，芝刈りに出かけたおじいさんとおばあさんが落としたおむすびが穴の中へ……。そこにはネズミたちがいて……"というよく知られているお話だが，今回は穴の中のネズミたちのグループをいくつか作り，おむすびが転がってきた喜びをそれぞれに表現しながらお話が展開していく。ナレーター，おじいさんとおばあさんグループ，囃子方（場面の進行役）グループ，それにいくつかのネズミグループを作り，各グループがそれぞれにこのお話に沿った演出をする。
　グループは，学級や学年，日常の学習集団，学習内容などを考慮して決めた。このような形にすることで，グループごとに子どもたちに合った目標や発表の内容を考えることができ，子どもたちといっしょに演出していくことができる。各グループで練習を重ね，学部全体で

の練習を経て小学部として一つの劇を作りあげる。

　本学級は，その中で，ネズミグループの一つとなった。おむすびが転がってきたうれしさを何らかの形で表現することになる。

(2) 学級での取り組み

　本学級は，小学部1年生4名（男1名，女3名）が在籍している。日常生活の指導や遊びの指導などいろいろな学習を行いながら次第に学校生活に慣れてきてはいるものの，4月に入学してからまだ半年である。いろいろな場面で，やり方を教えたり言葉をかけたり手を添えたりしながら少しずつ自分でやろうとする気持ちを育てているところである。まだ友だち同士で遊ぶことはほとんど見られず，教師とのかかわりが多い。簡単な話は理解でき，「しーしー」「痛い」「ドーナツ，行く？」など1〜2語で訴えたり聞いたりするが，相手に自分の気持ちを適切に伝えることはまだ難しい。表出言語のない子も1名いる。しかし，行動や態度，表情などいろいろな形で自分なりに気持ちを表現しながら日々一生懸命学習している。

　1年生の生活単元学習は，学校行事を中心に単元を設定している。10月に行われる学習発表会は1年の中でも大きな単元の一つである。発表会では，子どもたちに，今の自分たちの姿をステージで思い切り表現してほしい，今までの学校生活での学習成果をのびのびと発表してほしい。そのためには，どのような活動内容をどのように設定したらいいのかを考えた。

(3) 主題の設定

　夏休みが終わって間もなくのある日，プレールームで遊んでいたAさんが，太鼓を見つけると勢いよくたたき，ねぷた囃子のリズムをとっていた。数日後，教室に小太鼓やタンバリン等の楽器を持ち込むと，Aさんがメガホンを持って「やーやどー」「ねぷたのもんどりこ」とねぷた祭りのかけ声を大声で叫んだ。とても楽しそうだ。そこで教師も調子を合わせ，「どんこどんこ」といいながら小太鼓をたたいたりかけ声を出したりすると，他児もいっしょになって声をあげたり楽しげにポンポン跳んだりして，ひとしきり遊んだ。ねぷたは，津軽の伝統的な夏祭りで，囃子は独特のリズムとかけ声を持っているため，調子を合わせやすい。同じ日の午後，Dくんが円柱の積み木で遊びだしたが，しばらくねぷたのリズムで机をたたいてから，並べたり積み上げたりして遊んでいた。

　そのようなことがあったので，子どもたちが日常的に遊べるように教室に小さな和太鼓とバチの1組，そしてねぷたの写真集も置いた。すると，ちょっとした時間の合間に本を見たり，太鼓をたたいたり，教師がリズムをとりながら素手で机をたたいたことをきっかけに子どもたちも「やーやどー」といいながら机をたたいたりするようになった。

　そこで，子どもたちの興味関心が高く，楽しそうに遊んでいるねぷたを取り入れ，「ねぷただ！　やーやどー」という主題で取り組むことにした。転がってきたおむすびにネズミた

第7章　生活を豊かにする生活単元学習の展開

ちが大喜びでお祭りをするという場面作りである。子どもたちにとって大きな体育館での発表は学校生活で初めての経験であり，せりふをはっきりいう，太鼓のリズムをきちんと覚えるなど，決して簡単にできることではないが，だからこそ"ねぷた"をとおしてやり遂げてほしいと願いながら，発表の流れを考えた。

(4) 単元のねらい

- 場面に応じた動きや言葉で，精いっぱい表現する。
- 囃子に合わせて思い切り太鼓をたたく楽しさや喜びを味わう。
- 多くの人の前で成果を発表し，成就感を味わう。

(5) 単元の構成について

　発表内容は，せりふ（一人で・全員で），ねぷたの組み立て（教師といっしょに），和太鼓のリズム打ちにした。子どもたちが意欲を持って取り組み，よりよく表現するために，改めてねぷたの面白さを実感してほしい，またお話の内容をできるだけ理解してほしいと考え，練習と並行して次の3つの活動を加えて単元を構成した。（表7-1，次頁）

- 同時期に行われる校外学習（学部行事だが，計画は学級ごとに行う）は観光施設「津軽藩ねぷた村」にでかけた。ここでは大小たくさんのねぷたを見学し，間近でねぷた囃子を聞いて，本物の笛やかけ声に合わせて大きなねぷた太鼓をたたくという経験をした。普段は照れ屋のAさんも，躊躇することなく自分からバチを受け取り，笑顔でたたいた。皆で「もう1回，もう1回」とリクエストをして，計4回もやらせてもらった。
- ねぷたを製作した。骨組みや紙貼り等は教師が行ったが，絵は子どもたちが描いた。一部をはじき絵，ほとんどは墨で描いた。正面だけはお話に関連づけるために描いた下絵を教師といっしょになぞったが，ほかの部分は墨をつけた筆を持ち和紙にのびのびと筆を走らせて思い思いに直線や曲線等を描いた。高さ2mほどの個性あふれるねぷたができ，発表で使用するとともに，発表が終わり次第，同日に催された児童・生徒の「作品展」に展示した。
- 「おむすびころりん」のお話を繰り返し聞くようにした。絵本や紙芝居はオリジナルの話で，子どもたちが演ずるものとは異なる部分が多いので，エプロンシアターにしてみた。エプロンシアターの大きさに合わせたねぷたや和太鼓の絵も作り，転がってきたおむすびにネズミたちが大喜びでお祭りをするという今回の話に沿って見せることができた。子どもたちはよく見ており，「おむすびころりん　すっとんとん」という決まり文句や「どんこどんこ」の囃子に，待ってましたとばかりに声を合わせていた。

(6) 指導の手立て

　子どもたちにとってわかりやすいように，ねぷたの組み立てに取りかかる際に皆で元気に

表 7-1　単元の構成　　　　　　　　　　　　　　　（　）は，時数。▭は，学級での取り組み。

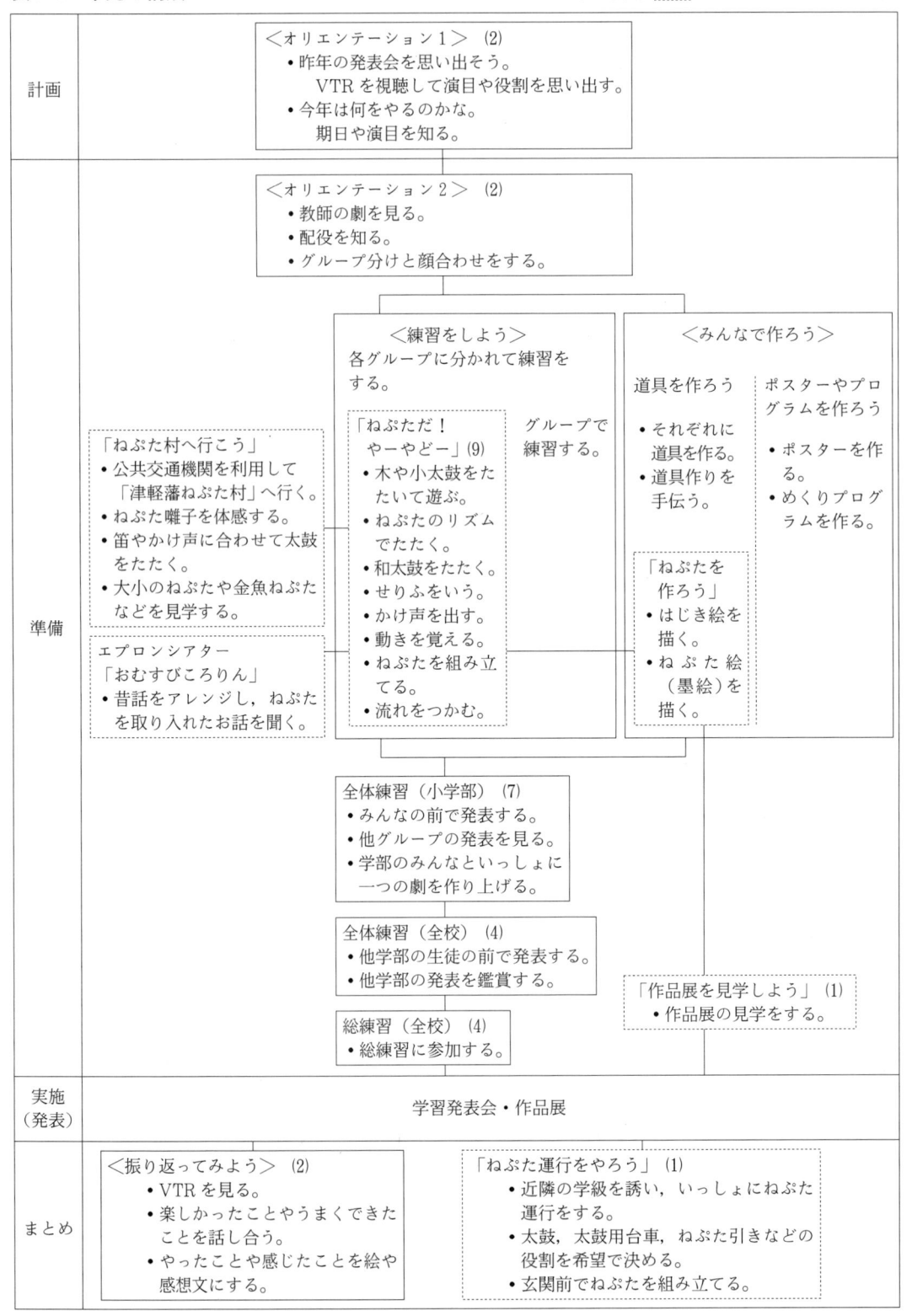

計画	**＜オリエンテーション1＞　(2)** ・昨年の発表会を思い出そう。 　VTRを視聴して演目や役割を思い出す。 ・今年は何をやるのかな。 　期日や演目を知る。	
準備	**＜オリエンテーション2＞　(2)** ・教師の劇を見る。 ・配役を知る。 ・グループ分けと顔合わせをする。 **＜練習をしよう＞** 各グループに分かれて練習をする。 「ねぷただ！やーやどー」(9) ・木や小太鼓をたたいて遊ぶ。 ・ねぷたのリズムでたたく。 ・和太鼓をたたく。 ・せりふをいう。 ・かけ声を出す。 ・動きを覚える。 ・ねぷたを組み立てる。 ・流れをつかむ。 グループで練習する。 「ねぷた村へ行こう」 ・公共交通機関を利用して「津軽藩ねぷた村」へ行く。 ・ねぷた囃子を体感する。 ・笛やかけ声に合わせて太鼓をたたく。 ・大小のねぷたや金魚ねぷたなどを見学する。 エプロンシアター「おむすびころりん」 ・昔話をアレンジし，ねぷたを取り入れたお話を聞く。 全体練習（小学部）(7) ・みんなの前で発表する。 ・他グループの発表を見る。 ・学部のみんなといっしょに一つの劇を作り上げる。 全体練習（全校）(4) ・他学部の生徒の前で発表する。 ・他学部の発表を鑑賞する。 総練習（全校）(4) ・総練習に参加する。	**＜みんなで作ろう＞** 道具を作ろう ・それぞれに道具を作る。 ・道具作りを手伝う。 ポスターやプログラムを作ろう ・ポスターを作る。 ・めくりプログラムを作る。 「ねぷたを作ろう」 ・はじき絵を描く。 ・ねぷた絵（墨絵）を描く。 「作品展を見学しよう」(1) ・作品展の見学をする。
実施（発表）	学習発表会・作品展	
まとめ	**＜振り返ってみよう＞　(2)** ・VTRを見る。 ・楽しかったことやうまくできたことを話し合う。 ・やったことや感じたことを絵や感想文にする。	「ねぷた運行をやろう」(1) ・近隣の学級を誘い，いっしょにねぷた運行をする。 ・太鼓，太鼓用台車，ねぷた引きなどの役割を希望で決める。 ・玄関前でねぷたを組み立てる。

第7章 生活を豊かにする生活単元学習の展開

「エイエイオー」と腕を上げたり、「やーやどー」と皆で叫んで太鼓をたたき始めたりするなど、次の活動に移るときにポーズやかけ声などできっかけを作り、めりはりをつけながら話を展開させるようにした。また、スポットライトを一人で浴びて堂々と発表する場面も設けたいと考え、一人ずつ太鼓をたたく場面も作った。

練習をすすめるに当たっては、次の点に留意した。

- 初めは和太鼓やバチに慣れ親しむことをねらいに、楽しみながら自由にたたく時間を設ける。自由にたたいている中に、教師が「どんこどんこ」「やーやどー」などかけ声や正しい囃子のリズムを入れていくことによって、自然にリズム打ちへと導く。
- 動きやせりふは、一連の流れの中で教師もいっしょに活動しながら教えたり導いたりする。子どもたちが見通しを持って自分から動くことができるように繰り返し行いながら、次第に支援を少なくしていく。
- 子どもから自然に出た表現は、できるだけ生かすようにする。子どもたちといっしょに活動しながら、より望ましい動きや効果的な表現に気づかされることも多い。
- 一人でできそうであれば、多少は待ちながら見守り、できるだけ任せるようにする。一人ひとりの様子を見ながら、さりげなく手を添えたり見本を見せたり、言葉掛けや呼名できっかけを作ったりするなど、支援の方法を工夫することにより、本人が気づき、「できた」と感じられるようにする。支援の方法や場面は、子どもにより異なる。
- 少しでも自分からの取り組みやがんばりが見られたときは、大いに褒めていっしょに喜ぶ。一人ひとりをよく見るように心がけ、少しでも変化があれば褒め、よかったことを伝えていっしょに喜ぶ。内容や場面によっては全員に話して称賛を皆のものにしたり、前に出てやってもらったりする。称賛は誰しもうれしいものであり、自信や意欲に結びつく。
- 使用する道具類の運搬も、活動の一環として子どもたちといっしょに行う。また、衣装もできるだけ一人で着脱するように、時間にも余裕を持って取り組む。教師もいっしょに衣装をつける。道具類や衣装が整っていくことで、発表への期待感を高める。
- ねぷたの中に電気を入れて、組み立て終わった際にはパッと明るくなるようにする。また、フィナーレで全員がいっしょに太鼓をたたくときには、「津軽藩ねぷた村」で録音させてもらった本物のねぷた囃子を会場に流してリズムを合わせるとともに祭りの雰囲気を盛り上げる。

練習を重ねるうちに、Dくんは見通しを持って使用する道具を先取って運ぶようになった。初めはバチを持ったまま順番を待つのが難しかったAさんは、次第に友だちがたたく様子も見ながら待つことができるようになり、自分の番が来ると楽しげに演奏した。Bさんはマイクが自分の前に来ると「やろう」と大きな声ではっきりと話すことができるようになった。Cさんは、太鼓をたたき出すタイミングを覚え、力を入れてたたくようになった。

(7) 発表

　朝から家族が顔を見せ，保護者や卒業生，お客さん等が体育館を埋め尽くす独特の雰囲気の中，子どもたちは頬を紅潮させながら発表した。
　Aさんは，舞台袖で幕の隙間から母親を探していたが，ステージに立ってスポットライトを浴びるといい笑顔になり，いつものAさんらしさを出すことができた。ねぷたの組み立てにも大張り切りのBさんは，教師の「Bさん，そっち持ってちょうだい」の声に「うんっ」と小走りで大きな部品を持って運んだ。初めは教師が手を取っていっしょにたたいていたのに，一人で完璧なリズムで太鼓をたたいたCさん。Dくんは「ねぷた，やろう」のせりふを大きな声で元気に言い，ポーズもしっかりきめた。子どもたちはステージでの流れを知り，せりふやポーズのタイミングを覚え，バラバラしていた太鼓のリズムが揃うようになっていた。

(8) 単元のまとめ

　単元のまとめとして，ねぷた運行を行った。本来，ねぷた祭りは，ねぷたを中心にしてたくさんの引き手や囃子方がいっしょになって街を練り歩く祭りである。いつも顔を合わせる向かいの教室のメンバーを誘い，教師も含めて13名で行った。玄関でねぷたを組み立てて大きな台車に乗せ，小型の台車に太鼓を積み込んで準備が整うと，さっそく乗り込み「やーやどー」と叫んで太鼓をたたき出したAさん。するとDくんがその台車を動かそうと手をかけた。BさんとCさんは教師に誘われて重いねぷたの引き手になったが，Bさんは力を入れながら綱を引っ張ってリードし，Cさんは始終楽しそうなにこやかな表情をしていた。「やーやどー」と声を出しながら校舎の敷地を歩き，秋のねぷた運行を経験してこの単元を終えた。

(9) 単元を終えて

　小学部1年生は入学してまだ間もなく，学習発表会の経験もない。学習発表会について自分で考えたり希望をいったり見通しを持ったりすることは難しい。ふだんの学校生活の中で興味関心を持って活動していることから内容を選び構成を考えたいと思っていた。
　それで，子どもたちの日ごろの生活の様子や遊びの中から見つけたものが，今回はねぷたであった。初めは遊びながらたたいていた和太鼓だが，いざリズムを合わせようとするとなかなか難しい。しかし，夏が近づくと必ずどこからか聞こえてくる囃子やかけ声は，子どもたちになじみやすかったろうと思われる。毎日繰り返し取り組むことによって次第に流れがわかり，せりふや動きの順番を知り，和太鼓のリズムも正確になっていった。ほとんど自分から動き出せるようになり，ちょっと滞ったときでもほんの少しの言葉掛けで気づいた。順番にせりふをいったり和太鼓をたたいたりするときには，互いに友だちの様子を見るようになった。

第7章　生活を豊かにする生活単元学習の展開

自分の力で思い切り表現することは大きな喜びだったろうし，皆に褒められて成就感も得たと思う。Bさんは，発表終了後にがんばったことを褒められると，ジャンプして喜んだ。Cさんの母親は，すぐに「とても感激しました」といってくれた。AさんとDくんは，発表会後もときどき「どんこどんこ。行く？」とねぷたの本を見ている。理解の深まりが表現にも影響するだろうと行ったねぷた村での体験も生きたと信じたい。

また，まとめは，VTRを見たり話を聞いたりするだけでなく，自分たちが描いたなじみ深いねぷたを運行して楽しかったろうと思う。

ねぷた祭りは，町会や各種団体などで製作し運行する。地域の子どもたちも多数，引き手や囃子方で参加している。学級の子どもたちも，もう少し大きくなったら見るだけではなく家族といっしょに町会のねぷたに参加するようになってほしいと思っている。

3　単元「レッツ，調理！　2組さんにごちそうしよう」の授業展開

(1)　単元について

2006（平成18）年4月，2年生になり，興味関心の対象や経験が広がっていくにつれて，また相手が応じる面白さなどもあってか，子どもたちは言葉をどんどん使うようになってきた。曖昧な使い方や不明瞭な発音の言葉も多いものの，身近な人とは簡単な会話もできるようになってきている。まだ表出言語のない子も，簡単な話しかけは理解し，挨拶では声を出すようになった。子どもたちはお互いの様子をよく見ていて，名前を呼んだり追いかけっこをしたりする姿も見られるようになってきた。

給食の際の食事指導をきっかけにして，献立や食材にも興味を持つようになり，登校すると「きょうの給食，何だ？」と聞いたり，給食を食べながら「これ，なあに？」と材料となっている野菜の名前を尋ねたりするようになった。また，校外学習でレストランに行った経験から「ハンバーグ，食べたーい」と話題にしたり，ままごとセットで玩具の野菜を切って遊んだりするようになった。

食べることは生活そのものであり，調理は，準備から片付けまで様々な場面があり，個人に応じた課題が設定できる。家庭でも調理の経験はまだほとんどない子どもたちだが，なじみがあり簡単で作り方のわかりやすいものから取り組むことにし，シチュー2回とカレーを1回作った。3回続けたことで，手順がわかり自分から動き出す場面も見られている。

そこで今回は，子どもたちに計画してもらおうと考えた。さらに，作った料理を2組の子どもたちにも食べてもらうことを教師から提案することにした。2組（1年生，4名）とはいっしょに学習する機会があり，給食のテーブルも隣同士で声を掛け合う仲である。作ったものを友だちにも食べてもらい，喜ばれる経験もしてほしいと考えた。

(2) 単元のねらい

- 2組さんにごちそうするという気持ちを持って，材料を持って来ることや調理に積極的に取り組む。
- 自分の気持ちや気づいたことは，自分から話したり選んだりやってみたりする。
- 友だちや教師といっしょに調理を楽しむ。

(3) 活動内容について

　言葉を獲得してきており，友だち関係も広がってきているこの時期に，子どもたちといっしょに計画から始めたいと考えて取り組んだ。もちろん教師がリードしての授業だが，子どもたちはよく応えて，焼きそばを作ることや材料の分担も決まった。(表7-2)

　本校は郊外に位置し，市街地から離れているため，買い物などの学習や公共機関の利用などはとても不便で，材料を買いに出かけることができない。そこで，子どもたちに相談し，家庭から持って来てもらうことにしたのである。子どもたちは，調理当日の朝には，教室に入るなりカバンを開けて得意げに材料を出してくれた。Aさんの連絡ノートには，"「お母さん，キャベツちょうだい，カバンに入れて」といったのでびっくりしました"と書いてあった。意気込んで母親に要求しているAさんの様子が思い浮かぶとともに，意欲がある活動だと言葉もスムーズに出るのだとうれしくなった。調理の際には，次の点に留意した。

- 全員が調理の全部の過程を経験できるように働きかける。自分でやってみるだけでなく，友だちの手際を見たり「次は，○○さんだよ」の言葉掛けで順番を意識したりする。
- 包丁の扱いは，危険のないように手を添えて補助しながらやり方を教える。
- "やりたい気持ち""やってみたい気持ち"を大事にし，危険のない限りは任せてみるようにする。その際は，やりたい気持ちを「やりたい」とか「ちょうだい」などと相手に伝えてから取り組むように働きかける。
- 必要に応じて，やり方をしっかり教え，徐々に支援を少なくする。また，失敗したときには，失敗の理由に気づくように導く。失敗から学ぶことを大切にしたい。
- 自分から気づいて行動したり，上手になったり，少しでもがんばりが感じられたら，褒めていっしょに喜ぶ。子どもの自信にもなるが，教師にとってもとてもうれしい瞬間である。

　子どもたちは「次は？」と聞いたり「ちょうだい」と要求したりしながら，調理に取り組んだ。できあがると，われ先にと向かい側にある2組の教室に持って行き，自分の決めた友だちに皿を手渡した。また，自分たちも「おいしい」といって食べ，食べ終わったとたんにAさんが「もう1回，作ろうね」といったので，笑ってしまった。CさんとDくんは自ら後片づけに参加して，スポンジでキュッキュッと食器を洗った。

第7章 生活を豊かにする生活単元学習の展開

表7-2 指導略案

○単元名 「レッツ，調理！ ２組さんにごちそうしよう」
○本時の学習
(1) ねらい ・自分の気持ちや気づいたことを，自分から話したり選んだりする。
・調理への意欲や期待感を持つ。
(2) 指導内容（部分）

主な学習活動	指導上の留意点	準備物等
1 ２組（１年生）の友だちにごちそうすることを知る。	・皆を見回しながら「ちょっと相談があるんだけど……」と静かな声で話して注目させ，期待感を持たせる。 ・率先して拍手をするなどして，楽しい雰囲気を作る。	
2 献立を考えて，決める。 ・自分の作りたい物を話したり選んだりする。 ・友だちの話も聞いて決める。	・子どもたちはカレーやシチューというと思われるので，なじみのある献立も加えた５〜６枚の絵カードを用意して見せ，選択の幅を広げる。Ｃさんには，絵カードで選んでもらう。 ・子どもたちの希望が一致しないようであれば，料理の特徴や今までの経験などを話しながら調整していく。	・食べ物カード （シチュー，カレー，おでん，焼きそば等 ５〜６枚）
3 材料を考える。 ・気づいた材料をいう。 ・友だちの話を聞く。	・正しい材料をいったときには，笑顔でピンポンの音を出す。 ・違っていたら「残念……」などといいながら，ブーを鳴らす。 ・思いつかないようであれば，調理することに決まった献立の絵カードを出して見せ，手がかりにする。それでも気づかなければ，カードの絵の中の野菜の部分を指し示す。	・ピンポンブー
4 必要な材料を確認する。	・子どもたちがいった野菜の絵カードを１枚ずつ見せて確認する。	・野菜カード
5 材料を持ち寄ることを知る。	・家から野菜を持って来ることを話す。	
6 材料の担当を決める。 ・持って来たい材料をいう。 ・相談する。	・希望した野菜カードを，子どもの写真カードの上に貼って，わかりやすくする。 ・Ｃさんには，野菜カードを見せながら話しかけ，指差してもらうようにする。決まらなければ，教師が提案する。	・子どもの写真カード
7 家族に話すことを確認する。 「〜を，ちょうだい」等	・材料を持って来るのは３回目なので前回を思い出させながら，一人ずつ話してもらって確認する。曖昧な場合は，教師もいっしょに話して確かめ，自信を持たせる。	
8 ２組のだれにごちそうするかを決める。	・希望が重なった場合は，気持ちを尊重しながら調整する。 ・２組の子どもの写真を貼りながら一人ずつ確認していく。	・２組の児童の写真カード

<評価・反省>
・"２組さんにごちそうしようか"という提案に，目をキラキラさせ，おおいに盛り上がった。
・このように，着席しての言葉を中心としたやりとりで進む学習ができたのは，関心の高い調理活動であることや，シチューづくりなどを経験して見通しも持てたからだろうと思われる。自分の気持ちや気づいたことを話すことによって決まっていく学習は，面白かったのだろうと思う。活発に声を出していた。
・絵カードを使ったのはよかった。材料の一つである玉葱が子どもたちから出てこなかったときに，焼きそばの絵カードの玉葱の部分を示したら気づくことができた。
・ピンポンブーは子どもたちに好評で，張り切って発言する。楽しい雰囲気の中で正否を表すことができ，使用する場面によっては効果的である。
・勢いのある雰囲気に流されることなくしっかりとそれぞれの気持ちを受け止め，働きかける必要があると感じた。また，表出言語のないＣさんへの手立ての面ではもっと工夫が必要であった。

(4) 単元を終えて

「ごちそうさま」「おいしかったよ」と1年生がいうと，皆うれしそうだった。Dくんはぴょんぴょん跳びながら「おいしかった？」と笑顔で確認していた。家庭から材料を持って来てもらうことによって家族の理解もより深まり，Bさんのノートには"夕食がカレーライスで，お父さんが「このカレー，Bさんが作ったの？」と聞くと「違う，学校（Bは学校で作った）！」といい，包丁で切る動作をしていました"と書いてあった。これはカレーを作った後のエピソードだが，学校での取り組みが家庭で話題になるのもうれしい。子どもたちも家族の一員として，このような経験が少しずつ家庭での会話や手伝いなどにも広がってくれればと思っている。

4　生活を豊かにする生活単元学習

生活単元学習で生活上の課題を解決していく取り組みの中で，主体的に生きる姿勢を培っていくことが大切なことだと考える。授業では，子どもの主体的な取り組みを大事にする。つまり，子どもが考えて自分からやってみる，選ぶ，話すなどの場面を確実に設定する。自分からやろうとする気持ち，自分の気持ちを伝えようとする意欲を大切に育てたい。

また，"友だちといっしょ"ということが意欲を高めている。お互い様子を見たり，友だちと教師のやりとりを見たりしながら気づくことも多い。教師はいっしょに活動しながら，課題解決に向けて個人に応じた適切な支援を工夫する。必ず子どもの力で解決に至るような支援をして，「やった」という達成感を感じさせることが大事だと思う。それが，「がんばればできる」という自信や意欲につながり，困難があっても向かっていこうとする気持ちを育む。

子どもたちの生活の中から，どんなものを単元として取り上げ，どのようなねらいや内容を設定するかというのが教師に問われるところだと思うが，これらは子ども一人ひとりの将来に密接につながると思う。子どもたちは日々成長していく。一見小さな毎日の積み重ねが，主体的に生きるための力になっていくということを，教師は強く意識して取り組む必要があるだろう。生活を自ら作り楽しみながら暮らすことが豊かな生活だと思えるので，これからも子どもたちといっしょに主体性を培うような授業を作っていきたい。また，実践の「レッツ，調理！」のように家庭を巻き込んだり，「ねぷただ！　やーやどー」のように地域の文化に積極的に触れたりして活動の範囲を広げていくことも大切だと思う。そして何より，いろいろな単元活動等を経験しながら，学校を楽しみにして「明日，学校ある？」と確かめたくなる生活は，間違いなく豊かだといえるのではないだろうか。

第7章 生活を豊かにする生活単元学習の展開

表7-3 年間計画〔2007(平成19)年度版〕

月	単元名	主な学習活動・内容	
		行事等に関連して行う活動	年間を通して行う活動
4	新しい友だち (学級)	・新しい友だちと新しい学級ができたことを知る。 ・紹介をしあう。 ・いっしょに教室で遊んだり校外の散歩をしたりして親交を深める。	「レッツ, 調理！」 ・計画(献立,材料等)を立てる。 ・材料を分担して持って来る。 ・自動販売機で飲み物の買い物をする。 ・準備をする。 ・調理をする。 ・会食をする。 ・後片づけをする。 ・他の学級などにごちそうする。 ・活動を振り返る。
5	楽しい運動会 (学部単元)	・学部のオリエンテーションに参加して, 計画を知る。 ・ミニ運動会で概要を知る。 ・種目の練習やポスターを作って準備する。 ・運動会に参加する。 ・まとめと反省をする。	
6	○○に行って 　ボウリングをやろう (校外学習Ⅰ) ＊学部行事だが 　活動は学級ごと	・計画を知る。 ・昼食のメニューを選ぶ。 ・ボウリングをやってみる。 ・公共の交通機関も利用して実施する。 ・活動を振り返る。	「野菜をとって食べよう」 (時季に応じて) 畑やプランターでイモやラディッシュ等を育て, 時季になったら行う。 ・収穫をする。 ・調理をする。 ・会食をする。 ・一部の野菜は家庭に持ち帰り, 家庭で調理をしてもらう。 ＊遊びにかかわる単元 (時期や内容は未定)
7 8	いこいの広場へ行こう (2年生と合同)	・計画(行き先, 日にち, 交通手段等)を知る。 ・遊びの内容や昼食等について計画を立てる。 ・いこいの広場へでかける。 ・活動を振り返る。	
9	校外学習にでかけよう (校外学習Ⅱ) ＊学部行事だが 　活動は学級ごと	・行きたい場所ややりたいことなどを出し合う。 ・内容や昼食等について計画を立てる。 ・公共の交通機関も利用して実施する。 ・活動を振り返る。	
10	学習発表会 (学部単元)	・学部のオリエンテーションに参加して, 計画を知る。 ・練習や道具づくりをする。 ・学習発表会に参加し, 発表をする。 ・まとめと反省をする。	
11 12	PTAバザーに 　お店を出そう (学級)	・バザーの概要を知る。 ・やりたいお店について出し合う。 ・出店場所や販売品, 準備物等を確認し合う。 ・販売品を作る。 ・店や品名の表示など, 開店の準備をする。 ・販売をする。 ・活動を振り返り, 反省会をする。	
1 2	雪と遊ぼう (学級)	・やりたい遊びを出し合う。 ・必要な物を探したり作ったりして準備する(いっしょに遊びたい学級を誘う)。 ・みんなで遊ぶ。	
3	卒業おめでとう (学級)	・卒業生を知り, 写真を撮る。 ・自分がプレゼントをしたい卒業生を決めて, プレゼントを作る。 ・プレゼントを贈る。 ・小学部の「おわかれ会」に参加する。 ・卒業式の練習や卒業式に参加する。	

一日の出会いは朝のさわやかなあいさつから

　学生時代に養護学校（現在の特別支援学校）に教育実習に行ったときのことです。連日の指導案づくりと授業の準備でヘトヘトになるという，その当時，大学では有名な「3週間のつらい大変な教育実習」でした。そこで指導教官の先生たちからとにかくたたきこまれたのは，「朝自分がどんなにつらくても明るく『おはよう！』と子どもを迎えること」でした。寝不足で朝ぼーっとしていても，子どもの顔を見た瞬間に「おはよう！」と元気にあいさつできる，それは実習時代にたたきこまれたからかなと思っています。

　さて，この「自分からあいさつをする」ということは，実は子どもに積極的にかかわるきっかけでもあります。朝，子どもの顔を見て「おはよう！」とあいさつする，そのときに子どもの様子を見ることになります。教師としては，学校に来た一番最初の顔をきちんと見ておきたいところです。子どもは朝学校に行ったときにまず出会う人を徐々に意識していきます。子どもに担任として認識してもらっているかどうかは，授業をする際にも大きな要素です。それらのことが朝のあいさつで達成できるならば，これはけっこう"お得な"活動といえないでしょうか。朝一番で教室に行くことでたくさんのメリットがあると感じています。

　少し慣れてきたらいくつかバリエーションをつけたり，子どもによって対応を変えてみるなど，工夫をしていくこともいいと思います。例えばAくんは「しっかり目を見てあいさつする」，Bさんには「あいさつをしたあと握手をする」，Cくんには「お互いにおじぎをしながらあいさつする」，Dさんには「目の前でしっかり手を振ってあいさつする」，Eさんには「あいさつのあと朝ごはんは何を食べてきたか尋ねる」などと考えるだけでも，ずいぶん幅が広がります。

　「あいさつはコミュニケーションの基本」といえるでしょう。子どもから「おはよ」といわれるとうれしくなります。「せんせい，おはよう」といわれたときに教師になった実感を持った人もいるのではないでしょうか。ただし「あいさつ」させようと子どもに強いるのはいただけません。あくまで子どもの実態を見て無理のないやり方を考えてください。

　また，自分のあいさつはどのように相手に見えているのか，客観的に見ておくことも大切です。鏡の前に立って見てみるのは恥ずかしい，抵抗がある，という人にはビデオを撮ることをお勧めします。ある意味教師は「動く教材」です。

　朝，子どもたちとあいさつをかわすだけでその日一日がいい日になる予感がします。まずは，子どもたちに朝「さわやかなあいさつができる」ようにしてみましょう。

（高橋浩平）

第3部

集団の中で子どもは伸びる

　学校という場の大きな特徴は「集団があること」です。教師と子どもの1対1の関わり合いだけではなく，子ども同士，教師同士等，様々な関係性の中で授業もまた行われていきます。
　特別支援教育の実施で，通常の教育との関連や通常学級の集団の中でどのように教育を進めていくかということも視野に入れていく必要があります。
　集団づくりということと授業は密接な関わりがあります。そのことを明らかにするとともに，交流教育についてここでは述べていきます。

第8章
障害のある子どもの「学級づくり」

1 「学級づくり」とは、教師のフィールドワーク

　「学級づくり」について述べる前に、学級とは何であるのか確認をしておきたい。
　学級は学校における子どもたちの生活と学習の基盤となる舞台であり、子どもたちは、学級を基盤にして、授業に参加し、教科外の活動にも参加する。その学習と学校生活の基盤となる学級は、子どもたちにとって安心して学ぶことができる場でなくてはならないはずである。そのためには、教師と安心して学べる"よい"関係と、学級集団を構成する仲間と安心して関われる"よい"関係を目指していくことが必要である。
　しかし、学級という集団は（教師1名、子ども1名という学級もあり得るが）、最初から子どもたちにとって居心地のよい、安心して学べる基盤としての要件を備えているわけではない。担任をしている教師がそのことを知っているか知っていないかにかかわらず、教師の関わりの前に、すでに子ども同士の関係ができており、強い子ども、弱い子ども、自己表現が得意な子ども、苦手な子ども、できる子ども、できない子どもといった目には見えない序列的構造が存在する。
　「学級づくり」は、このような構造を持つ集団を安心して関わり合いができる相互的な"よい"関係の集団へと再構築していくことであり、「学級づくり」の過程の中に子どもたちを主体的に関わらせることで、自立した学習者へと導くことになる。また、教師もこの過程において、積極的に子どもたちと向き合い、子どもたちが教師と安心して学べる"よい"関係を一人ひとりの子どもたちと築き上げていくことになる。
　このような過程を着実に歩むことで、子どもたちは自分たちの学習や学校生活の基盤となる学級の中で、安心して能動的に学習活動を展開することができる。たとえ自分でうまく学ぶことができない場面に陥っても、安心して仲間と関わり、教師から学ぶことができるのである。教師と子どもや子どもたち同士の仲間関係が安心できる"よい"関係にある学級こそが、子どもたちにとって、自らが所属している学級が授業という学習活動の基盤となる。

2 「学級づくり」という発想がなければ何も始まらない！

　「学級づくり」とは、集団の発展の中で個の自立を達成しようとするものである。ここで

は、なぜ、「学級づくり」が障害のある子どもたちにとって大切であるのかを解説する。

特別支援学級を担任している教師からよく聞く言葉の中に、「1対1での指導」の必要性や重要性がある。誤解がないように断りを入れるが、「1対1の指導」を否定しているわけでも軽んじているわけでもない。ただ、教師と子どもを1対1という一面的な関係でとらえることのみを重要視することに対して危惧をしている。

教師と子どもが1対1になり、授業を行う機会が多い特別支援学級や特別支援学校の教師は、「学級づくり」という発想がすべてであるといっても過言ではなく、授業を展開する上で非常に重要であることを認識しておくべきである。引用が多少長くなるが、吉本（1986）の集団発展と人格発達の考えを引用したい。

「第一には、教師と子どもを1対1の関係でとらえる『1対』モデルである。〜中略〜そこでは教師が直接指示したり、命令したり、説教したりする。そして子どもたちは、教師の前では教師の指示どおりにふるまうが、教師のいないところでは教師の指示どおりには活動しないこともしばしばである。このことは、1対1の関係では、子どもは指示や命令の対象になりえても、自主的な生活・学習の主体にはならない場合が多い、ということを教えている。

第二には、『聴衆』モデルである。近代学校においては、知識の能率的で経済的な伝達をねらいとして、工場での大量生産に対応する教育形態としての一斉授業が行われてきた。しかしそこでは、個性的存在としての子どもたちが群衆の中に埋没する危険がある。子どもたちは、演壇でのできごとを傍観的に眺めるか、演壇でのできごとに陶酔し、熱狂する「聴衆」になってしまうことにもなる。

この2つのモデルは現象的にはまったく正反対にみえるが、自主的な参加、活動が成立していないという点では、本質的には同一なのである。」[1]

吉本は、このように述べ、「教師―集団―子ども」という構造関係によって、子どもたち一人ひとりを生活・学習の主体に置こうとする"「集団」モデル"の重要性を説いている。

教師は、子どもに直接指示を出したり、個人的に説教をしたりするのではなく、集団に要求を出すことで、集団内に個と個の関わり合いや励まし合いを育て、課題達成に向けた意識や活動を作り出す。障害児教育においては、往々にして教師は子どもに個別に働きかけをすることで指導をすることが重要であるかのように偏った考え方を持つ場合がある。しかし、それでは、子どもたち一人ひとりが活動の主体となって仲間に働きかけ、自己を見つめながら目標達成に取り組む主体者として自立していくことは困難であることが容易に想像できる。

障害のある子どもにとって、一つの大きな課題となりうるのが社会性の発達である。その社会性を育むための授業を展開するためにも「学級づくり」は非常に重要である。そのためには、個と集団での指導の相互的な関係性を踏まえ、集団としての「学級づくり」を考える必要があるであろう。

3 人数は少なくても，子どもが1人でも，学級は学級

　特別支援学級や特別支援学校では，少人数の学級編成が多い。特に特別支援学級では，在籍児童・生徒が1人であるということもあり得る。しかし，この場合も，あくまでも学級であり，その責任者は学級担任である。

　本来，学級には様々な実態の子どもがいる。繰り返しになるが，日々，学校では，その学級集団を基盤としながら様々な授業や活動が営まれる。しかし特別支援教育への移行が始まってから，そのような本来の学級の姿が見失われ始めているという印象がある。保護者のニーズであるという理由で，実態に合わない通常の学級との交流教育が行われてはいないだろうか。そのときに，特別支援学級の担任は，「この子の担任は私である」という意識とともに，在籍児童に合わせた教育課程の作成者としての責任を感じているであろうか。教師の人手不足等の安易な考えで，交流教育を進めてはいないだろうか。「担任の先生の名前は……？」との質問に子どもや保護者は，どう答えるであろうか。「うちの子どもには，複数の先生が関わってくれているので，とてもありがたい。でも，担任の先生はたしか○○先生だと思います」等の心許ない言葉が保護者から出てくる場合もある。このような場合，特別支援学級の学級としての機能や役割が果たされているとは考えにくい。

　たとえ1人の在籍児童・生徒でも，特別支援学級の担任は子どもに対する重大な責任を意識すべきであり，学校内の他の教職員も意識すべきである。「この子の担任は私である」という初歩的な意識が，障害のある子どもたちが安心して"よい"関係を作ることができる居場所を作る第一歩なのである。

4 通常の学級に障害のある子どもがいる場合

　障害のある子どもが，通常の学級に在籍しているケースも少なくはない。ここでは，通常の学級に障害のある子どもが在籍している場合の「学級づくり」を次のエピソードを基に，考えていきたい。

　　Aくんは，小学校2年生。医療機関から高機能自閉症の診断を受けていた。この診断どおり知的発達の水準は低くなく，日常生活における能力も比較的高かったため，通常の学級に在籍し指導を受けていた。しかし，Aくんは，1年生に入学して間もなくから，授業中に教室から飛び出すことを頻繁にするようになった。2年生頃からAくんは，教室には朝登校したときにランドセルを置きに行くだけで，それ以外の時間は図書室で過ごすようになった。担任はAくんに教室へ来て授業に参加するように数回働きかけを行

ったが，Aくんは担任の教師の顔も見ようとせず，働きかけには応じようとしなかった。
　担任は巡回相談に訪れた相談員から，Aくんの教室での居場所づくりを進めるようアドバイスを受けた。しかし，担任の返答は，
　「Aくんが教室に居ないんだから，どうしようもないじゃないですか。私が他の子どもをおいて，Aくんのために図書室まで行って声かけをしても，教室に来ようとしないんだから，これ以上どうすればいいんですか。」
　「私が担任しているのはAくんだけではありません。他にも子どもはいます。Aくんだけに特別な対応はできません。」
　というものだった。

　Aくんの担任をしている教師は，Aくんがなぜ教室から出て行ってしまうのか，彼の心情理解や課題分析が不適切であり，自己の「学級づくり」の実践の内省ができていない典型的なケースではないだろうか。Aくんが教室から出て行ってしまうのは，高機能自閉症の特徴である状況判断の弱さや，コミュニケーション能力や，対人関係上の困難さが原因していることも確かではあろう。しかし，そのAくんに対し，数回図書室へ出向いて行った担任の働きかけは，Aくんにとって，学級での居場所を作るための支援に結びついていなかったといってよい。この教師が見落としていたものは，Aくんが学級の中で安心して過ごせる教師や仲間との"よい"関係づくりである。安心して学ぶことができる対象として，この教師を認めていなかったことが，担任の働きかけにAくんの気持ちが動かなかった要因の一つであり，また，担任として前述したような返答から推察される教師としての心情が，他の子どもたちとAくんの関係を十分に作れなかった要因の一つでもある。また，この教師は，自身の今までのやり方では通用しないAくんについては担任としての責任を放棄したということができる。
　その後，Aくんは，3年生になり担任が交代しても，自分の学級には入ることができず，図書室で過ごし続けていた。
　通常の学級において発達障害と思われる子どもが在籍している場合，その子どもが安心して過ごせるような「学級づくり」をすることは，「狭小な特別な支援」を意味するのではなく，学級に所属しているすべての子どもたちに安心して過ごせる居場所づくりをするという視点に立ち，障害がある子どもに対しても，「私が担任である」という意識を持ち責任を果たすことが大切なのである。そのためには，発達障害という少しだけ特徴的な発達の状態を示している子どもたちに配慮をしながら，教師と子どもたちの"よい"関係づくりを心がけることが必要である。

5 同じ子どもは1人としていない

　障害の有無にかかわらず，子どもたちには一人ひとり個性があることはいうまでもない。通常の学級においても，特別支援学級，特別支援学校においても子どもたち一人ひとりの個性や教育的なニーズを把握しなければ担任として「学級づくり」を進めることはできない。しかし，子どもの実態を表面上把握したからといってすぐに「学級づくり」が進められるわけでもない。子どもの実態を把握しても次のようなエピソードもある。
　筆者がある小学校の特別支援学級の教師に相談された例である。

> 　「Aくん（男の子）とBさん（女の子）を一緒に指導することは無理です。あの2人は，一緒に活動をしようとするといつもトラブルを起こします。いったいどうすればいいんですか。」
> 　「トラブルになると，とても授業どころではありません。この子たちに授業をするためには，個別の指導が必要です。もう一人教師を配置してほしいのですが。」

　AくんとBさんは2人とも同学年であり特別支援学級の在籍児童である。Bさんは自分の意見を通したいという気持ちが強く，Aくんのいうことをあまり聞こうとしない。Aくんは，Bさんと教師が関わっている場面を見ると必ず自分も入りたがるようである。この2人に対し，担任教師は実態を把握した上で，一緒に活動させると収拾がつかなくなるため，個別で指導することが有効であろうと考えたわけである。
　この2人の子どもたちは，お互いの行動を意識しており，特別支援学級の中で，お互いの存在を認め合っているということもできる。だからこそトラブルが多くなるのではないだろうか。お互いに関わりを持とうとしない存在であれば，トラブルを起こすほど2人の人間関係としての距離は近くないといえる。BさんがAくんと一緒に活動する際に自分の意見を通そうとするBさん，教師とBさんが関わりを持っているときに横槍を入れてくるAくん，この2人のそれぞれの行動は，そのまま2人の生活行動面の学習課題として把握することができる。学習課題として把握し，指導の「ねらい」を立て，教師が意図的に場面を設定する。そうすると，それはトラブルではなく指導場面と考えることができるであろう。時間はかかるかもしれないが，この2人はお互いにぶつかり合いながらも葛藤し，仲間としての対人関係を作ることができるであろう。
　トラブルばかり起こすから個別による指導に傾倒するのでは，そこに担任教師の指導意図が存在せず，子どもたちに振り回されているに過ぎないとともに，子どもたちが集団（小集団）の中で学ぶ機会を奪うことになりかねない。教師と子どもが1対1の限定された場面は，

社会生活を送る上であくまでも特異な場面であり，1対1で学んだことを現実の生活の中に汎化させていくことは困難である。

子どもたちは，一人ひとり異なる存在であり，粒ぞろいではない。その個々の子どもの特徴をしっかりと把握し，教師も子どもも，お互いの存在に正面から向き合うことによって，初めて「学級づくり」の過程を歩み始めることができるのである。

このように，子どもは，互いの存在を意識し合いながら，相互的な関わりの中で成長をしていくはずである。教師（大人）との関係性だけでは，思考や感情，行動の拡がりを求めることは難しいであろう。トラブルや軋轢が生じている中でも，教師の「学級づくり」という仕事にとっては，重要な指導場面としてとらえられるのであり，そうしなければならない。

6　「つまずき」が集団的な関わり合いを組織する

「学級づくり」は，「わかる」授業との補完的な作用の中で進展していく。特に，障害のある子どもがいる「学級づくり」にとって授業展開の中での「つまずき」をどのように学級の仲間との関わり合いに結びつけていくのかが授業を通しての「学級づくり」の基盤となる。

授業が展開される過程の中で，理解が早い子ども，遅い子どもの対立が生じる。そのときに教師は「遅れた理解」と「つまずき」を見とり，それに同調し，共感し拾い上げることで，理解が早い子どもと遅い子ども，「つまずき」の状態にある子どもの間に関わり合いを作り，相互的共感の関係性を作り上げていくことが必要である。むしろ，このようなときには，理解が早い子どもの理解の程度や質が問われる場面にもなる。

個々の子どもの実態が違う集団内での関わり合いというのは，早く理解した者が理解が遅い者に対して，ただ「教えてあげる」という効率性を求めるのではない。特に，教師側の都合により，教師の補助的な役割を担わせたりするなど都合よく関わり合いを求めることではない。「つまずき」のある子どもと理解が早い子どもとを教師の問いかけが媒介となり関わり合わせることで，ときには両者の入れ替わりがあり，解釈を共有していくこと，仲間としての感情を共有していくことにつながるのである。また，主体的な授業への参加者としての意識を育てることにもつながり，学級集団づくりに子どもたちが主体的に参加することにつながっていく。

7　子どもたちを「主役」にする「学級づくり」

よい「学級づくり」をするためには，教師がどのような「学級づくり」をするか，その理想となる考えを持ち合わせていなければならない。「子どもの主体性を大切にする」ということから，教師の指導を後退させたり，減少させたりし，指導はやめて教師は支援者である

という「脇役」に徹しなくてはいけないという主張も散見されるが，指導を後退させたり，減少させたりすれば，自ずと子どもたちが主体的に活動し始めるということにはつながらないのである。もとより，学級を「管理する」「伝達する」「指示どおりに行動させる」という教師の考え方では，子どもたちにとって学級が安心して学ぶ場とはならない。

　また，教師側の指導意図が子どもたちの関係を的確に見抜いた上で形成されなければ，単なる「管理する」「伝達する」「指示どおりに行動させる」といった押しつけの「学級づくり」に陥りかねない。教師の既存のイメージどおりの「学級づくり」をしようとする，すなわち今，教師の目の前にいる子どもが主役ではなく，教師の一方的な理想を押しつけようとするならば，教師の一方的な価値観という枠をはめられた「学級づくり」になってしまう。障害のある子どもの担任を初めて行う教師は，教師と子どもの関係づくりをどのように作っていけばよいのか，ましてや子ども同士の関係をどのように作っていけばよいのか戸惑うことは当然であるが，教師の理想と合わないからとか，このような子どもは初めてであるとか，この子の行動は理解できないとかの理由で，指導を放棄したり，子どもたちに任せて面倒を見させたり，自分の指示に従う子どもだけを賞賛したりすることは，まさに教師の一方的な枠に子どもたちをはめようとする「学級づくり」となる。

　教師は，「学級づくり」を展開するにあたり，理想を持つことは必要であるが，それは，子どもたちの個々の特性や子ども同士の関係性，集団の構造を把握し，柔軟に対応することで実現すべきである。

8　「学級づくり」と「よい」授業との関係

　授業が成立するためには，教師と子ども，子どもと仲間の"よい"関係性が重要であることは，今まで述べてきたとおりである。

　授業が成立するための「学級づくり」とは学級全員の子どもが学習の主体，主人公として相互に，知的，民主的に関わり合いながら学習内容の本質の習得に向かって，思考・表現し合い，全員でわかり合う授業を作り上げていこうとする過程に他ならない。

　このような意味において，「学級づくり」とは，授業を成立させるための実践的課題であり，授業づくりの中心的な基盤であるといえる。また，「わかる」，「安心できる」，子どもたちを「ゆさぶる」授業づくりを目指すことで，子ども一人ひとりが学習の主体，主人公となる「学級づくり」ができる。このように，「学級づくり」（＝学習集団づくり）と授業の成立は相互に補完し合い成立するのである。

　このことは，障害のある子ども，ない子どもにかかわらず，どのような学級においても重要なことである。

注
1) 吉本均（1993）『授業をつくる教授学キーワード』明治図書，pp.52-53
参考文献
- 吉本均（1996）『教室の人間学―「教える」ことの知と技術』明治図書
- 広瀬信雄（1997）『がんばってねせんせい』田研出版

第9章
交流教育の意義と実践

1　交流教育の法的な位置づけ
　―交流及び共同学習の基本的な考え方―

　「交流及び共同学習」は一般的に「交流学習」と呼ばれ、特別支援学校や特別支援学級の児童または生徒と小・中学校等の通常の学級の児童または生徒が，それぞれのねらいのもと，共に活動することを指している。

　盲学校，聾学校及び養護学校学習指導要領（平成11年3月）の特別活動には，「児童又は生徒の経験を広めて積極的な態度を養い，社会性や豊かな人間性をはぐくむために，集団活動を通して小学校の児童又は中学校の生徒及び地域の人々などと活動を共にする機会を積極的に設けるようにする必要があること」と示されている。

　2004（平成16）年6月改正の障害者基本法には，「国及び地方公共団体は，障害のある児童及び生徒と障害のない児童及び生徒との交流及び共同学習を積極的に進めることによって，その相互理解を促進しなければならない」という一文が加えられた。さらに，2005（平成17）年12月に中央教育審議会（特別支援教育特別委員会）は，「特別支援教育を推進するための制度の在り方について」を答申し，「今後，盲・聾・養護学校（特別支援学校（仮））に在籍する児童又は生徒と，地域の小・中・高等学校等（「等」は中等教育学校を指す。以下，同じ。）の児童又は生徒との交流及び共同学習の機会が適切に設けられることを促進するべき」と述べている。

　地域によっては，特別支援学校に在籍する児童・生徒が居住する地域の小・中学校に副次的に籍を置き，これまでの「居住地校交流」と同様に直接的に交流を行ったり，間接的な交流として，学校・学級便りの交換等の取り組みを行ったりすることを通して，居住する地域とのつながりを図る取り組みが行われている。間接的な交流の取り組みにより，これまで居住地校交流ができなかった児童・生徒においても居住地との関わりを持つことができるようになった。このような先駆的な取り組みから学び，さらに広めていくことが必要となっていくと思われる。

　2007（平成19）年度から特別支援教育が開始され，障害種別による場を分けた教育から，障

害のある児童または生徒一人ひとりの教育的ニーズに応じた教育へと変換されたことから，今後さらに交流及び共同学習の必要性が高まると考えられる。

2　交流及び共同学習の意義

(1)　交流教育の形態について

これまで実施されてきた交流教育の活動を振り返ると，学校間や地域などの実態に応じて様々な活動が行われてきた。例えば，地域の小・中学校と特別支援学校との交流で，体育祭や文化祭等の学校行事や総合的な学習の時間，教科指導等において直接的な活動を通した交流や共同学習，あるいは作品展示を通した交流なども行われてきた。

特別支援学校の子どもたちと地域社会の人たちとの交流では，地域の清掃作業や文化祭行事に招待したり，あるいは地域の人たちとのレクリエーション交流をしたりするなどの活動がある。また，子どもたちが住む地域が主催する夏祭りや体育祭，文化祭などの行事に参加する例もある。地域の人たちとの交流は，特別支援学校での子どもたちや学習の様子などについて，理解を深める機会として役立っている。

このように，現在，特別支援学校における交流教育は主に4つの形態で行われている。

① 学校間交流
- 特別支援学校に在籍する児童・生徒と近隣の小・中学校等の児童・生徒と活動を共にする交流
- 特別支援学級（知的障害や情緒障害等）に在籍する児童・生徒と通常学級に在籍する児童・生徒と活動を共にする交流

表 9-1　交流教育の形態と特徴

交流教育の形態	①学校間交流	②地域交流	③居住地校交流	④居住地交流
地域の範囲	学校の所在地		児童・生徒の居住地	
主な交流対象	同世代の児童・生徒	地域住民	同世代の児童・生徒	地域住民
参加形態	相互の授業や学校行事	地域でのイベントや活動を学級や学校として集団で参加	居住地の学校の授業や行事に個人で参加	保護者が中心となり，居住地の夏祭りやスポーツ大会等のイベントに参加
重点的な指導目標	現在の学校生活を中心とした交流		将来への生活を見据えた交流	

② 地域交流
- 特別支援学校に在籍する児童・生徒が，特別支援学校の所在地における団体や住民等との地域交流

③ 居住地校交流
- 特別支援学校に在籍する児童・生徒が，居住している地域の小・中学校に赴き，通常学級の児童・生徒と活動を共にする交流

④ 居住地交流
- 特別支援学校に在籍する児童・生徒が，居住している地域の団体や住民等と交流

(2) 教育課程の位置づけ

　交流及び共同学習は，学校間交流のように特別支援学校と近隣の小・中学校等と交流したり，学校近隣の地域の人たちと交流する地域交流をしたり，子どもが居住する地域の小・中学校などでの居住地校交流をしたりと様々な形態を通して行われている。

　この交流及び共同学習を通常の授業時間内に実施する場合は，子どもの在籍する学校の授業として位置づけられる。だから，実施する交流及び共同学習を，特別活動や総合的な学習の時間，教科学習など，どの教育課程上に位置づけて取り組むかということに十分留意する必要がある。さらに，教育課程上の位置づけを明確にすることによって，交流の指導目標，指導内容などを明確にし，適切な評価をすることも重要である。

　特に，在籍校の授業として実施する場合は，基本的には在籍校の教師が指導を行い，指導形態や内容などについては，在籍校の教育活動の一環であることを踏まえて，相互に連携を取りながら，指導目標や子どもたちの実態に応じた教育活動となるようにすることが大切である。

(3) 交流及び共同学習の評価

　交流及び共同学習は，本来，子どもの在籍校の授業として実施されるものであるから，在籍校が教育活動としての適切な評価を行う必要がある。学校間交流や居住地交流など活動の形態と内容に応じて，活動の目標が位置づけられるため評価項目や評価方法等について，学校間あるいは学年や学部等で十分に検討することが大切である。

　そのためには，交流及び共同学習においてどの形態で行い，何をねらい，どんな活動内容や方法にするのかなどについて，事前に相互の学校あるいは地域と十分な検討を行うことが必要である。

(4) 交流及び共同学習の実施に向けて

① 実施に向けた組織づくり

　学校において，交流及び共同学習が円滑及び効果的に進めるためには，校内組織づくりだけでなく，学校間あるいは地域との合同組織を作ることが大切である。また，活動を実施するにあたり，教師や子どもなど関わる人たちが特別支援学校に在籍する子どもたちの障害に対する正しい理解と知識を持つことが重要である。各学校や地域などの実情に応じて，どのような組織づくりをし，どう学校として位置づけて運営するかの十分な検討が大切である。ここに簡単な交流及び共同学習の組織体制を図9-1に示す。

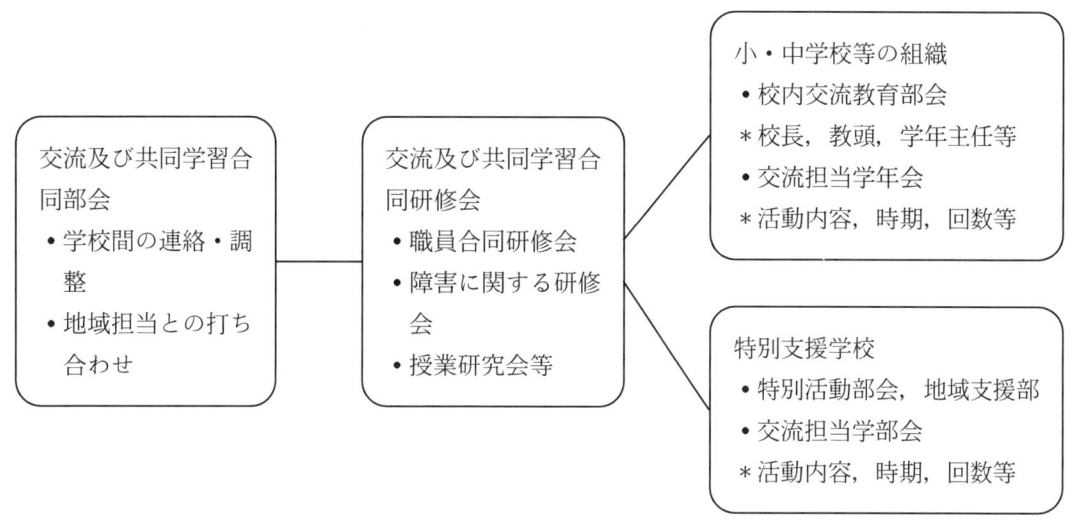

図9-1　交流及び共同学習の組織体制

② 指導計画の作成

　交流及び共同学習の実施に当たっては，年間指導計画や実際の活動ごとの指導計画を作成することが重要である。特に，教育課程上の位置づけや指導目的，内容，回数，場所など学校あるいは地域と相互に連携を取り，活動内容の準備や役割分担，協力体制などについて綿密な計画を立て検討することが大切である。

　しかし，学校現場の現状から教師の多忙化や時間設定の難しさなどが考えられる。そのため，交流及び共同学習を継続的に実施するためには，相互の負担にならないような活動設定や時間，回数など留意する必要がある。

③ 交流教育の実施に向けて

(i) 事前学習について

　交流及び共同学習を円滑に実施するためには，実際の活動内容や役割分担，時期や回数などについて，交流する学校や地域などと事前に内容を検討することが大切である。特に，障

害の状態や特性など障害についての知識や配慮，適切な支援や手だて，具体的な関わり方や方法など事前学習する必要がある。

また，地域の人たちや保護者などに対しても，障害のある子どもとその教育について理解を図ることも必要である。具体的には，学校だよりや学年，学級だよりなどの活用が障害の理解や情報などを伝える手段として有効である。

- 在籍する児童・生徒の障害の状態や特性などの理解を図る。また，支援や手だてなど具体的な係わり方を学習する。
- 交流及び共同学習のねらいを，交流校や地域の人たちと相互に共通理解する。
- 期日や回数，活動内容を検討する。
- 活動を効果的に実施するために，相互の組織体制や連携体制を作り，協力して有意義な活動になるようにする。

(ii) 実施における配慮について

活動を実施するときには，次のようなことを配慮することが大切である。
- 相互の子どもたちが主体的に活動できるような取り組みにする。
- 障害のある子どもたち一人ひとりの実態と手だてや配慮などを事前に確認する。
- 活動設定にあたり，障害の特性を考慮して，相互の子どもたちに事故や危険がないようにする。
- 子どもたち同士が関わり合えるような活動内容を設定する。

(iii) 事後指導について

交流及び共同学習の実施後は，子どもたち同士の活動はどうであったか，指導のねらいに沿った活動内容であったかなど，学習の評価を行う必要がある。そのためには，子どもたち同士で話し合いを持つことや，感想文を書いたり，絵を描いたりするなど，相互の事後学習として位置づけて取り組むことも大切である。

- 実施後にお礼の手紙や感想文，絵などを活用して，相互に伝え合うようにする。
- 学年・学級通信や学校だよりなど，活動について保護者や関係者等に配布して，共通理解や相互理解，交流教育の実際として図るようにする。
- 次の活動へ生かすように，ねらいや活動内容，時期などを検討する。

④ 障害に応じた配慮事項

障害のある子どもとの交流教育は，小・中学校の通常の学校における教育だけでは教育的効果が期待することは難しい。

交流及び共同学習を進めるにあたり，障害のある子どもに関わる際の配慮が必要になる。特に，子どもの障害の特性等を理解するための事前学習が大切になる。視覚障害や聴覚障害のある子ども，あるいは情緒障害や自閉的な傾向がある子ども，肢体不自由や病弱など，様々な障害特性に応じた理解と活動が設定され，相互にとってよりよい学習活動となるようにす

第9章　交流教育の意義と実践

ることが重要である。そのためにも，障害のある子どもとの交流教育においては，障害についての知識と理解を十分留意しながら進めることが大切である。

　ここでは，視覚障害や聴覚障害，知的障害，肢体不自由，情緒障害，自閉症などのそれぞれの障害種別に配慮する事項を示す。

(ⅰ) 視覚障害	・教材や教具などを示す場合は，言葉での説明を添えるとともに，手で触って観察できるようにする。 ・「そこ」「あれ」「これ」などのような指示代名詞は避けて，「右に曲がる」や「左側の本」などと具体的な名称や指示で説明したり，ゆっくりと話をしたりする。 ・慣れない場所や初めての体験，活動などのときは，事前に周囲の状況や活動内容，手順などを説明したり，一緒に歩きながら案内したりする。 ・文字カード等を提示するときは，コントラストをはっきりとさせたり，文字を大きくしたり，照明の配慮をしたりして見やすいようにする。 ・視野が狭い場合には，横から近づいても気づかなかったり，物にぶつかりやすかったりするので，周囲の状況を説明するとともに，物の配置などの環境設定を留意する。
(ⅱ) 聴覚障害	・子どもが話し手の方を向いているときには，話し手は，自分の顔全体，特に口元がはっきりと見えるようにして話しかける。 ・補聴器で聞き取りやすいように，必ず声を出してゆっくりと話すようにする。小さな声や大きな声，唇だけを動かして話すようなことは避けるようにする。 ・話しが伝わりにくい場合には，手のひらに文字を書いたり，紙に書いたりして相手に確認できるようにする。 ・できるだけ板書や実物，音声と合わせてジェスチャー，指文字などを利用するなど視覚的な手がかりを活用して，活動の流れを把握できるようにする。
(ⅲ) 知的障害	・興味や関心を持つことができる活動を工夫する。 ・言葉による指示だけでなく，絵や写真カードなどを活用したり，見本を示したりすることで，子どもたちが活動内容を理解できるようにする。 ・繰り返しできる活動にしたり，活動の手順を少なくしたり，絵や写真カードを活用して手順がわかりやすいようにしたりして，活動の見通しが持てるようにする。 ・子どもの行動の意味や背景など必要に応じて適切に説明するなどして，子どもたちが相互に理解し合いながら友達になれるようにする。
	・車いすや杖（クラッチ）等を使用して移動する子どもたちの場合は，廊下や教室など障害物になりそうなものを置かないようにする。

97

(iv) 肢体不自由	・車いすを押して移動する場合は，前に進むときや下がるとき，段差があるときなど事前に状況を説明してから移動するようにする。また，急な下り坂等の場合では後ろ向きに押したり，大きな段差がある場合は前輪を上げたりするなど，状況に応じた安全かつ安心できる車いすの押し方をする。 ・話をするときには，それぞれの子どもの目線に合わせて話をするようにする。 ・車いすから乗り降りする場合は，本人に確認したり，周囲の人たちに協力を求めたりして安全な方法で介助する。 ・車いすに乗って自分で移動することが難しい子どもの場合は，ゆっくりと話しかけながら周囲の状況を伝えたり，車いすをゆっくりと押したりするなど，周囲の状況を理解できるようにする。
(v) 病弱・虚弱	・活動に当たっては，保護者や担当医，教員などに個々の子どもの病状等による活動の注意事項や配慮事項などを確認する。 ・病気によっては，急に不調になることもあるので，活動中も体調の変化や身体の状態にも十分に注意する。また，個々の子どもの病状や体力などに応じた活動を工夫する。 ・てんかんや気管支喘息などの子どもは，発作がないときにはどの程度の活動が可能であるか確認する。また，過重な負担にならないように留意する。 ・筋力低下や骨折などを伴う疾患のある子どもについては，無理な運動にならないようにし，本人の主体的な活動ができるように工夫する。 ・いじめや不登校などを経験した子どもの場合は，人との関わりを拒否することもあるので，本人の気持ちを尊重しながら，主体的に活動を広げられるようにする。
(vi) 自閉症、情緒障害	・見通しが持てるように，計画された活動内容を簡潔な言葉や写真，絵カード，VTRなど視覚的な情報を活用する。また，事前に決められた活動の変更が苦手な場合があるので，計画された活動を変更しないように努める。 ・相手の感情や考えを理解することが苦手であることが多いので，子どもの気持ちを尊重しつつ人との関わりや活動を広げるようにする。また，適切に子ども同士の関係を調整したり，誤解のないように事前に説明したりするなど留意する。 ・聴覚や視覚，触覚などに強い過敏性が見られることがあるので，騒がしい場所や蛍光灯の光，人との接触などを留意した活動を設定する。
(vii) LD	・本人の得意な活動や障害により苦手な活動を，事前に把握して活動設定する。 ・本人の得意な能力を活かした活動ができるように工夫する。また，苦手な活動では，周囲の理解を図るとともに，できる限り自分の力でできるように手だてを工夫する。

（学習障害）	・指導に当たっては，具体的に簡潔な言葉で話すようにし，実物や写真，絵カード，VTRなどの視覚的な情報を活用する。 ・文字を示す場合には，読みやすいように文字を大きくしたり，不必要な文字や掲示物などを取り除いたりするなど，必要な情報を整理して提示する。
(ⅷ) ADHD（注意欠陥多動性障害）	・教師に注目していることを確認してから話をしたり，情報を提示したりする。また，一つのことを簡潔にわかりやすいように，言葉や写真，絵カードなどを活用して説明する。 ・一つ一つの活動が短く区切るようにして，一つの活動が終わったら次に行う活動がわかるように，一つ一つの活動の始点と終点を明確にする。 ・活動中に好ましくない行動をしたときには，適切な行動がとれるように，簡潔な言葉や写真，絵カードなどで伝えるようにする。

3　交流及び共同学習の実際
　　―特別支援学校小学部（主に肢体不自由）と小学校との交流教育―

(1) 概要

　本校は，小学校3年生と4年生を対象として，継続的に交流教育を行っている。年間としては，1学期と3学期の2回の直接的な交流及び共同学習を行っている。また，2学期には1学期の交流を踏まえて，ビデオレターやお便り，一人ひとりへの手紙などの交流学習を行っている。

　事前学習では，お互いに自分たちのことを知ってもらうために，クラス写真と名前や自己紹介カードなどを活用している。また，本校のグループの子どもの様子も簡単に伝えるようにしている。

　交流学習としては，風船バレーやダンス，ボウリング，紙芝居，合唱など事前に活動内容の希望をとったり，一緒にできる学習内容を用意したりして決めている。

　事後学習では，交流学習のお礼の手紙やビデオレター，お便りの配布などをしている。また，交流学習の反省や今後についての考えも共通理解している。

　形態は以下とする。

・小学校では，総合的な学習の時間として位置づける。また，事前準備や事後学習などもその範囲として取り組む。
・特別支援学校は，特別活動として位置づけて取り組む。

(2) ねらい

【特別支援学校】
○様々な友達とゲームや発表を通して、触れ合いながら、仲良く過ごしたり、友達関係を作ったりすることができる。

【交流する小学校】
○計画・準備、練習、交流学習などを通して、障害を越えて付き合うことができる人間となるための素地を築くことができる。

(3) 学習の展開

活動内容	特別支援学校	交流する小学校
1 交流校の到着を迎える	・廊下に並んで拍手で迎える。	・到着次第、校舎昇降口から入る。
2 はじまりの会	お互いに向かい合うように並ぶ。	
(1) はじめのことば		
(2) みんなで歌う「友達になるために」	＊児童の体調や実態に応じて教室で待機する。	・ゆっくりと優しい声で話をしたり、歌ったりする。
(3) 校長先生の話を聞く	・歌うことが難しい児童は、楽器等を使って表現する。	・自分の班へ移動する。
(4) グループ発表をする		・車いすを押す場合は、相手に話しかけてから移動する。
3 各班での自己紹介をする	・名前がわかるように、見える位置に名札をつける。	
4 各班での交流学習をする	＊子どもたちがスムースにコミュニケーションできるように、留意しながら教員が支援する。	
5 おわりの会		
(1) みんなで歌う「世界中の子どもたちが」	＊子どもたちの活動時には、特に安全面に留意するとともに、子どもたち同士の関わりを見守る。	
(2) 感想発表をする		
(3) 校長先生の話を聞く	・作品やグループ活動などの感想発表をする。	・交流グループで協力し合い、感想を発表する。
(4) お別れのことば		
6 交流校の見送りをする		

(4) 交流教育を通して

　本校の小学部の児童に対して、小学校の児童は3・4年生ということもあり、人数面での課題はあったが、2回とも同じグループ編成とし、活動内容も同様のものとすることで、本校の児童は期待感を持って学習に望むことができた。また、2回の交流をすることで、1回目の反省や課題を活かして、活動内容や関わり方、配慮など様々な面での変化があった。
　例えば、絵本の読み聞かせでは、ただ読むのではなく、登場人物のペープサートを作って

動かしたり，楽器等を使って効果音を入れたりと，本校の児童にわかりやすく，一緒に楽しめるように創意工夫をしていた。また，小道具を手渡したり，本校の児童が倒れないように，そっと支えてくれたりと，自然な触れ合いや気遣いが見られ，交流学習の積み上げが感じられた。活動を共にすることで，1回目よりも2回目に子どもたち同士の行動や気持ちの変化が表れる。ただ単に「つきあい」的な交流ではなく，直接的な交流や感想や手紙，写真などの間接的な交流などの実践を積み重ねることによって，相互に有意義な活動が展開されることが示唆される。

4 最後に

　交流及び共同学習を通して，子どもたちが活動を共にする中で，お互いに接し合い，協力しながら友達意識を育み，少しずつ障害のある子どもの理解や認識を深めていくように思う。お互いにとって短い時間での交流ではあるが，共に学習した経験が活かされ，社会の中での相互理解につながるであろう。そして，障害の有無にかかわらず，共に手を携えてよりよい豊かな社会を作り上げていくためにも，この交流及び共同学習の意義は大きいと考えられる。今後も地域や学校，学級ごとに特色ある教育実践がなされ，共に育ち学ぶ教育となるよう交流及び共同学習がより充実し，深まることを期待したい。

引用・参考文献
- 文部科学省（1995）「交流教育の意義と実際」
- 文部科学省初等中等教育局特別支援教育課編（2007）特集「交流及び共同学習」『特別支援教育』No.25，東洋館出版社

あとがき

　「あの先生の授業はとてもうまいね」といわれるのには理由があります。それは，子どもが好きであるということに加えて，子ども理解と授業づくりの基本をしっかりと押さえている先生だからです。

　もちろん，そうした先生も授業を考えるときに，子ども理解や授業づくりの基本を常に意識しているわけではないでしょう。しかし，基本をしっかり押さえている先生は，自分の授業を振り返って「うまくいっていないな」と感じたときに，自分で修正していくことができるので，授業が大きく崩れてしまうことが少ないのも事実です。

　このキャリアアップシリーズは，そうした「自分を振り返る」ことができ，自分で授業を修正していく教師になるまでのステップを考え，編集してあります。特に，第1巻である本書は特別支援教育の経験の浅い先生たちをイメージして作られています。そのため，「授業の基本」を再確認するような章が多くなっています。文字通り，経験の浅い先生は，本書に書かれている留意点をふまえながら，「まね」をして授業を作ってみてください。また，少し経験のある先生は，「何となく」うまくいっている授業の中にも「落とし穴」がないかどうかをチェックしながら読み進めていっていただければ幸いです。

　本書を作成するにあたり，多くの方々のご協力をいただきました。特に，本書を執筆してくださった現場の先生方は，日々の授業が多忙な中，執筆に多くの時間を割いてくださいました。また，日本特殊教育学会の自主シンポジウムで私たち編者が「授業」にこだわって報告を続けているときに，多くの現場の先生から，ご助言，ご指導を賜りました。こうした現場の先生方のご尽力またはご助言があって，本書ができあがったのだと感じています。この場を借りて感謝申し上げます。

　特別支援教育が大きな転換点を迎えている今日ですが，「授業」を通して教育現場と研究者がコミュニケーションを続けていくことの大切さは，何ら変わらないことだと考えています。本書が特別支援教育の現場で子どもたちを伸ばそうと日々，奮闘されている先生方の参考書としてお役に立てれば幸いです。

　最後に，本シリーズの企画主旨に多くのご理解をいただき，出版の機会を与えてくださった㈱黎明書房および編集の都築康予さんに感謝申し上げます。

　　2007年10月

編者一同

〈編著者〉

高橋浩平	東京都世田谷区立烏山小学校	第5章・コラム
新井英靖	茨城大学教育学部	第1章
小川英彦	愛知教育大学教育学部	第3章
広瀬信雄	山梨大学教育人間科学部	
湯浅恭正	大阪市立大学大学院文学研究科	

〈執筆者〉

岩﨑俊明	香川県綾川町立羽床小学校	第6章
岡輝彦	山梨県総合教育センター	第8章
田中己美子	青森県立弘前第一養護学校	第7章
張穎槇	兵庫県教育委員会 子ども多文化共生サポーター	第2章
古山勝	千葉県立銚子特別支援学校	第4章・第9章

〈中扉イラスト〉

新山直人・羽石遥香・藤枝璃早（茨城大学教育学部附属特別支援学校小学部児童）

＊所属は刊行時のものです。

特別支援教育の子ども理解と授業づくり

2007年11月25日　初版発行
2009年1月15日　2刷発行

編著者　高橋浩平他
発行者　武馬久仁裕
印　刷　舟橋印刷株式会社
製　本　協栄製本工業株式会社

発行所　株式会社 黎明書房

〒460-0002 名古屋市中区丸の内3-6-27 EBSビル
☎052-962-3045　FAX052-951-9065　振替・00880-1-59001
〒101-0051 東京連絡所・千代田区神田神保町1-32-2
南部ビル302号　☎03-3268-3470

落丁本・乱丁本はお取替します　　ISBN978-4-654-01786-7
ⓒK.Takahashi, H.Arai, H.Ogawa, N.Hirose & T.Yuasa
2007, Printed in Japan

特別支援教育の授業を組み立てよう ―授業づくりを「豊かに」構想できる教師になる 　B5／100頁　2200円	小川英彦他編著　特別支援教育キャリアアップシリーズ②／授業設計，教材・教具の開発，障害特性に配慮した指導方法等を紹介。中堅教師のさらなる技量アップのための本。
特別支援教育の授業づくり46のポイント 　A5／124頁　1800円	太田正己著　「教材づくり」「発問の仕方」「学習活動の工夫」等，特別支援教育の授業の専門家として，押さえておきたい46のポイントを解説。
特別支援教育のための授業力を高める方法 　A5／150頁　1900円	太田正己著　授業力を高めるのに効果的な授業研究の方法や，授業のコンサルテーション，個別の指導計画，自己決定を重視した授業展開等について詳述。
障害児のための個別の指導計画・授業案・授業実践の方法 　B5／135頁　2500円	太田正己編著　障害児の授業＆学級経営シリーズ①／知的障害児のための「個別の指導計画」を生かした授業づくりの考え方と，養護学校・小学校障害児学級での実践を紹介。
障害児と共につくる楽しい学級活動 　B5／140頁　2600円	太田正己編著　障害児の授業＆学級経営シリーズ②／学級びらきから学級じまいまでの「学級活動の1年」，朝の会から帰りの会までの「学級活動の1日」の流れにそった実践を紹介。
特別支援教育の実践力をアップする技とコツ68 　四六／160頁　1600円	新井英靖・高橋浩平著　「こだわる子どもの気持ちを揺さぶる」「教師が黒子になる」「最後は教師のひらめき」等，著者が経験から得た，教壇に立つのが楽しくなる技やコツを紹介。
発達に心配りを必要とする子の育て方 　A5／240頁　2800円	松田ちから著　乳幼児期からの教具，歌や遊びを多数紹介。言語・着脱・排せつ等が自然に身につく技法等を解説。『発達に遅れのある子の育て方』増補・改題。
障害児教育＆遊びシリーズ① **障害児のための手づくりおもちゃ** 　B5／164頁　2000円	芸術教育研究所編　知的・身体的に障害のある子どもの発達段階に応じた68種のおもちゃを紹介。用意するもの，作り方，遊び方をイラストを交えわかりやすく解説。
障害児教育＆遊びシリーズ⑧ **かたち・ことば・かずのあそび90** 〈小学生〉 　B5／199頁　3100円	芸術教育研究所編　国松五郎兵衛著　豊富な実践経験と教材研究に基づいた，あそびを通して知的障害児の形，言葉，数に対する認識力を段階的に高め，理解の基礎を育てる指導法。

＊表示価格は本体価格です。別途消費税がかかります。